KB054496

선거에서 이기는 법

선거에서
이기는 법

HOW TO WIN AN ELECTION

퀸투스 툴리우스 키케로 지음 | **필립 프리먼** 옮김
매일경제 정치부 해제

매일경제신문사

✕

✕

✕

기원전 64년 여름, 고대 로마가 낳은 가장 위대한 연설가
이자, 정치가, 철학자 마르쿠스 툴리우스 키케로(Marcus
Tullius Cicero, B.C.106~B.C.43)는 공화정 최고의 직책인 집정관
선거에 출마했다. 42세였던 그는 로마 남부에 위치한 자치
령 아르피눔 출신으로 부유한 사업가의 아들이었다. 자식
이 최고의 교육을 받기를 바랐던 아버지는 마르쿠스와 동
생 퀸투스(Quintus Tullius Cicero, B.C.102~B.C.43)를 어릴 때부
터 그리스로 유학 보내 당대 가장 유명한 철학자와 연설가
밑에서 공부하도록 했다.

마르쿠스는 타고난 연설가였으며 말솜씨만큼이나 훌
륭한 인품의 소유자였다. 그에게 한 가지 부족한 점이라면

귀족 출신이 아니라는 것이었다. 고대 로마는 계급 의식이 강한 사회여서 마르쿠스 키케로처럼 귀족 출신이 아닌 사람들은 공화정을 대표하기에 부적절하다며 무시됐다. 이에 키케로는 그들이 틀렸다는 사실을 증명하기로 결심했다.

젊은 시절 마르쿠스는 위대한 폼페이우스(Magnus Gnaeus Pompeius, B.C.106~B.C.48)의 아버지, 폼페이우스 스트라보 휘하에서 일 년 간 평범하게 군복무를 마쳤다. 폼페이우스는 훗날 율리우스 카이사르(Julius Caesar, B.C.100~ B.C.44)에 맞서 공화정 수호에 나선 인물이다. 또한 마르쿠스의 후원자를 자처하며 마르쿠스가 후일 정치 경력을 쌓아가는 데 큰 도움을 주었다. 25살에 마르쿠스는 살인죄로 기소된 한 유력 인사의 변론을 맡아 로마 법정에서 첫 승리를 거두었다. 유명 인사들의 재판에 연이어 승소하면서 그의 명성은 커져갔다. 그는 이 승리들을 발판으로 공화정의 공직에 오를 수 있는 기반을 다졌다. 이후 그는 집정관보다 서열은 낮지만 못지않게 중요한 직책이었던 재무관과 법무관 역할을 훌륭히 수행했다. 하지만 집정관은 30년 넘게 귀족 출신들이 독점하고 있었기 때문에 마르쿠스가 자신의 최종 목표인 집정관이 되기란 불가능해 보였다.

기원전 64년 선거에서 다른 집정관 후보들—특히 안토니우스Antonius(히브리다로 더 잘 알려진)와 카틸리나Catiline—이 불미스럽고 미덥지 못한 행실을 일삼자, 귀족들 중에서 일부가 마르쿠스 키케로를 지지하기도 했다. 하지만 여전히 명문가 출신 귀족들에게 지방 자치령 출신의 주변인이 공화정과 지중해 지역의 수백만 주민을 통치하는 2인 집정관 중 하나가 된다는 것은 참기 힘든 수치였다. 따라서 집정관 선거에서 승리하려는 마르쿠스 앞에는 길고 험난한 선거운동이 기다리고 있었다.

바로 이 시점에 현실적인 성향의 퀸투스는 자신의 형에게 조언이 필요하다고 판단했다. 마르쿠스보다 네 살 아래인 퀸투스는 형의 그늘에 가려 큰 빛을 보지는 못했지만, 마르쿠스 못지않은 지식인이자 뛰어난 군인이었다. 형 마르쿠스를 열렬히 지지했으며 그의 성공이 자신에게 부와 명성을 가져다줄 것이라는 사실을 잘 알고 있었다.

집정관 선거운동이 시작되자, 퀸투스는 선거운동에 관

한 편지 형식의 짧은 소책자를 만들어 형 마르쿠스에게 보냈다. 라틴어로 *Commentariolum Petitionis*라는 제목을 단 이 작은 책자는 잘 알려지지 않은 채로 이천 년이 넘는 시간을 견디며 현재까지 전해지고 있다. 로마 문헌 전문가들 중에는 퀸투스가 쓴 글이 아니며 당시의 다른 작가나 후대의 로마인이 저자일거라고 의심하는 사람들도 있다. 하지만 대부분은 퀸투스가 실제 저자라는 데 동의하고 있다. 어쨌든 중요한 것은 저자의 정체가 아니라 그가 하고 있는 말이다. 확실한 것은 이 글의 저자가 기원전 1세기 로마 정치에 관한 깊은 식견을 갖고 있는 사람이며, 어느 시대건 선거에서 승리하고 싶다면 어떻게 해야 하는지에 대해서도 예리한 통찰력을 가지고 있었다는 사실이다.

키케로 형제가 살았던 시대의 로마는 세계 최강국이었지만 정치는 여전히 테베레 강가의 7개 언덕 사이에 둘러싸인 작은 도시 수준에 머물러 있었다. 로마의 정치는 심각할 정도로 인물 위주여서 소수의 명망 있는 가문에 의해 좌우되었다. 그리고 과거 도시 중심부에 습지였던 곳을 메워 만든 광장을 중심으로 이루어졌다. 투표권을 가진 로마 시민들은 지중해 도처에 흩어져 살았지만, 당시에는 부재자 투표 같은 제도가 존재하지 않았다. 로마나 가까운 자치령까지 후보가 직접 뛰어다니면서 선거운동을 해야 했다.

집정관이 되기 위해서는 의무적으로 군복무를 마친 후에 쿠르수스 호노룸Cursus Honorum, 즉 '명예로운 경로'라 불리던 일련의 공직 순서에 따라 가장 낮은 직위부터 선거를 치러 당선되어야 했다. 이 기나긴 과정의 첫 번째 단계는 보통 서른 살 무렵, 재무관이라는 직책에서부터 시작된다. 재무관은 자금 관리를 비롯한 일상적인 행정 업무들을 다루는 자리로 매년 여러 명이 선거로 선출되었다. 그다음 단계는 법무관인데 법무관은 재판 진행을 비롯한 사법 업무를 책임졌다. 그러고 나면 로마의 속주를 다스리기 위해 해외로 파견될 수 있었다. 이 모든 과정을 거친 극소수만이 최종 목표인 집정관에 출마할 수 있었다. 매년 선출되는 이 두 명의 고등 정무관은 공화정 전반을 통치할 수 있는 최고의 행정 권력을 지녔고 군사·민사상 책임을 맡고 있었다. 집정관 선거는 로마 귀족의 철통같은 감시 아래 치러졌다. 집정관이라는 최고위직에 오르면 본인은 물론 자손에게도 모두가 선망하는 귀족의 지위가 부여되었기 때문이다.

로마인들은 '1인 1표'라는 그리스 민주주의 이념이 우민통치를 가져올 수밖에 없다며 비웃었다. 모든 성인 남성 시민은 1표를 행사할 수 있었지만 개인의 투표는 복잡한 그룹 투표 체계 속에서 이루어졌다. 즉 개인은 자신이 속한 그룹이 누구에게 투표할지 결정할 수 있지만, 의회에서 한 표를 행사하는 것은 개인이 아니라 그룹이었다. 원래 투표 그룹은 군대 조직(백인대)이나 부족에 따라 나뉘었으나, 키케로 시대에 와서는 원래의 의미가 사라지고 부에 따른 계급 구분으로 바뀌었다. 투표 그룹별 재산 총량을 비슷하게 맞추었기 때문에 부유한 시민들이 수적으로 다수인 하층 계급보다 투표 그룹 수에서 불균형적인 우위를 점했다. 따라서 가난한 시민들이 미처 투표권을 행사하기도 선에 당선에 필요한 표를 모아 당선되는 경우도 자주 있었다. 이런 선거제도 때문에 로마나 로마 근교에 거주할수록 유리했다. 본인이 직접 투표소에 가서 표를 행사해야 했기 때문이다. 빠듯한 수입으로 먹고 살아야 했던 농부나 상인이 투표하기 위해 멀리 떨어진 로마까지 여행길에 오르지는 않았을 것이니까.

하지만 수도 로마에 살거나 투표를 위해 로마로 여행할 만큼 충분한 재산을 가진 시민들은 집정관 선출 과정이 질서 있고 (뇌물이 성행하고 선거운동원 간 폭력 사태가 빈번하기는 했지만) 대체로 공정하게 이루어지는 것을 경험할 수 있었다. 시민들은 아침 일찍 군사 훈련장 근처에 모여 최종 연설을 경청한 다음 밧줄로 칸을 둘러친 자신의 소속 그룹으로 흩어져 투표를 했다. 투표는 무기명 비밀투표로 이루어지는데 시민들은 자신이 지지하는 후보의 이름을 밀랍이 칠해진 나무판 위에 써서 커다란 고리버들 바구니에 집어넣었다. 각 그룹의 투표 결과는 집계가 끝나는 즉시 공개되었다. 투표 절차에 따라 다수의 표를 획득한 첫 번째 후보가 제1집정관으로 공표되었고 두 번째 득표자가 하급 집정관에 이름을 올렸다. 상급 집정관은 1월 1일 취임식에서 파스케스Fasces(나무묶음 위에 도끼를 고정한 것으로 집정관의 권위를 상징했다)라는 막대묶음을 받았고 이 날을 시작으로 1년 동안 무소불위의 권력과 특권을 누리며 로마공화정을, 그리고 그들이 아는 전 세계를 통치했다.

기원전 1세기 로마 선거제도의 원리를 알고 나면, 마르쿠스 키케로가 받은 조언의 진가를 알 수 있다. 하지만 현대를 살아가는 독자의 입장에서 보더라도 유권자를 대하는 법과 공직에 당선되는 법에 대한 뻔뻔스러울 정도로 현실적인 조언을 읽는 것 자체가 큰 즐거움이다. 마키아벨리의 《군주론》처럼 이 짧은 글도 권력에 한 발 다가가고 싶어 하는 사람들에게 시간이 흘러도 변치 않을 간단하면서도 명료한 충고를 전해준다. 퀸투스가 형에게 (그리고 우리 모두에게) 추잡하고 부도덕해 보이는 일이 어떻게 선거운동을 성공적으로 이끄는지 이야기한다. 여기에 이상론과 순진함이 끼어들 자리는 없다.

퀸투스의 편지는 오늘날의 정치 후보들도 귀담아들어야 할 귀중한 조언으로 가득하다. 그중에서도 특히 주옥같은 것들을 선별하면 다음과 같다.

1. 가족과 친구부터 당신을 확실하게 지지하도록 하라.

충성은 집에서 시작된다. 아내와 자녀들이 당신을 지지하지 않는다면 선거에서 승리하는 데 어려움이 따를 것이며 유권자들이 보기에도 탐탁지 않을 것이다. 퀸투스가 형에게 경고하듯이, 후보에게 가장 치명적인 소문은 그에게 가장 가까운 사람들에게서 시작된다.

2. 적합한 사람을 항상 곁에 두라. 재능 있고 신뢰할 수 있는 참모 집단을 구축하라. 당신이 모든 곳에 있을 수는 없다. 그러니 마치 자신이 선거에 출마하는 것처럼 당신을 대변해줄 사람을 찾아라.

3. 지금까지 베푼 모든 호의에 보답을 요구하라. 지금은 당신이 도움을 준 적이 있는 모든 사람에게, 그들이 당신에게 갚아야 할 신세가 있다는 사실을 점잖게 (혹은 그렇게 점잖지 않아도 된다) 상기시켜야 할 때다. 당신에게 도움을 받은 적이 없는 사람에게는 지금 당신을 지지해준다면 당신이 그들에게 신세를 지는 것이

니 곧 당신의 보답을 받게 될 것이라는 사실을 확실히 알려주라. 당신이 공직에 오른다면, 도움이 필요할 때 그들을 더 잘 도울 수 있는 자리에 있을 것이라는 사실도.

4. 광범위한 지지 기반을 구축하라. 마르쿠스 키케로에게 이 말은 주로 원로원과 부유한 경제 단체에서 활동하는 전통적 실세들의 조력을 얻으라는 의미다. 이는 쉽지 않은 일인데, 두 집단이 서로 대립하는 경우가 잦았기 때문이다. 그러나 퀸투스는 한 걸음 더 나아가 당시의 정치적으로 주변인이었던 형에게 다른 후보들이 간과하는 다양한 특수 이익집단, 지역 조직, 지방 주민들도 그의 편으로 끌어들이라고 촉구한다. 젊은 유권자의 마음을 사로잡아야 하며 당선에 도움이 된다면 그 누구에게라도 다가가야 한다. 퀸투스의 지적처럼, 점잖은 사람이라면 보통 때는 상대도 하지 않을 인사라도 당신의 당선에 도움을 줄 수 있다면, 선거운동 기간만큼은 가장 친한 친구가 되

어야 한다. 지지 기반을 확장하지 않고 협소하게 제
한하는 것이야말로 패배의 지름길이다.

그렇다면 다양한 유권자를 당신 편으로 끌어들일 수
있는 방법은 무엇인가?

5. 모두에게 모든 것을 약속하라. 극단적이고 예외적인
    경우가 아니라면, 그 시대의 특정 집단이 듣고 싶어
    하는 말이라면 무엇이든 그들에게 해줄 수 있어야
    한다. 전통주의자에게는 당신이 보수적 가치를 늘 지
    지해왔다고 말하고, 진보주의자들에게는 당신이 항
    상 그들의 편이었다고 말하라. 선거가 끝나면 그들
    모두에게 너무나 돕고 싶었지만 애석하게도 당신이
    어찌할 수 없는 상황에 처해 그럴 수 없었노라고 해
    명하면 된다. 퀸투스는 나중에 약속을 저버리는 것
    보다 그들의 바람을 들어주겠다는 약속을 하지 않는
    것이 유권자들을 더 화나게 할 것이라고 단언한다.

6. 의사소통 능력이 선거의 결과를 가른다. 고대 로마에서 정치 경력을 쌓으려는 사람들은 모두 대중연설 기술을 연마하기 위해 공을 들였다. 새롭고 다양한 미디어들이 출현한 오늘날에도 마찬가지다. 의사소통 능력이 형편없는 사람이 선거에서 승리할 수 없다.

7. 지역구를 떠나지 말라. 마르쿠스 키케로가 살던 시대에 이 말은 로마를 떠나지 말라는 의미였다. 현대 정치인들에게 이 말은 핵심유권자들을 만날 수만 있다면 거기가 어디건, 혹은 어느 때건 그곳에 있으라는 말이다. 선거에 진지하게 임하는 후보라면 휴일을 즐길 여유따위는 없다. 이기고 나면 휴가는 얼마든지 즐길 수 있다.

8. 경쟁 후보의 약점을 파악하고 이용하라. 퀸투스가 형 마르쿠스와 경쟁하는 후보들을 열심히 들여다본 것처럼 모든 후보는 자신과 경쟁하는 후보자가 가진 약점과 강점을 있는 그대로 파악해야 한다. 선거에

서 승리하고자 한다면, 경쟁자의 부정적인 면을 강조하여 유권자들이 그의 긍정적인 면을 보지 못하도록 최선을 다해 시선을 분산시켜야 한다. 부정부패 소문이 네거티브 선거전략의 단골 소재지만 성추문만큼 훌륭한 먹잇감은 아니다.

9. 체면을 차리지 말고 유권자들의 마음에 들기 위해 애쓰라. 마르쿠스 키케로는 항상 예의바르게 행동했다. 그래서 딱딱하고 냉정해 보일 수 있었다. 퀸투스는 유권자들에게 따뜻하게 다가갈 필요가 있다고 충고한다. 그들과 눈을 맞추고 등을 두드려주며 당신에게 그들이 중요한 사람이라고 말해주라. 당신이 자신들을 진심으로 대한다고 믿게 하라.

10. 사람들에게 희망을 주라. 아무리 냉소적인 유권자라도 누군가를 믿고 싶어 한다. 당신이 그들의 세상을 더 나은 곳으로 만들 수 있다는 믿음, 지지자들에게 당신의 가장 큰 관심과 헌신을 받게 될 사람이 자신

이라는 생각이 들게 하라. 부득이하게 그들을 실망시킬 테지만 적어도 선거가 끝날 때까지는 이러한 믿음과 생각이 유지되도록 해야 한다. 선거가 끝나면 그런 믿음이 있느냐, 없느냐는 중요치 않다. 이미 당신이 승리한 후이기 때문이다.

퀸투스의 편지에는 이것 말고도 유용한 조언들이 많다. 현재를 사는 독자의 시선으로 직접 찾아보는 재미도 쏠쏠할 것이다. 로마공화정은 이천 년 전에 사라졌지만, 당시와 비교했을 때 변한 것만큼이나 그대로인 것도 많다는 사실이 무척 흥미로울 것이다.

이쯤되면 키케로의 집정관 선거 결과도 궁금할 것이다. 마르쿠스는 경쟁자들을 물리치고 선거에서 이겼을까? 퀸투스의 조언은 효과가 있었는가? 선거 이후에 키케로 형제는 어떻게 되었는가? 계속 읽어보면 끝 부분에서 그 결과를 알게 될 것이다.

번역 노트

이 책의 원전 *Commentariolum Petitionis*을 번역하기는 쉽지 않다. 뜻이 모호한 경우가 많고, 전해지는 필사본이 여러 군데 훼손되어 있기 때문이다. 나는 원전의 의미에 충실하면서도 구어체에 가깝게 쉬운 단어를 선택했고 오늘날 독자들이 읽었을 때 의미가 확실히 전달될 수 있도록 번역하기 위해 노력했다.

로마의 사회·정치적 상황을 반영하는 어휘들을 번역하는 데도 어려움이 있었다. 많은 라틴어 단어들이 현대 언어에서 정확하게 맞아 떨어지지 않기 때문이다. 예를 들어 라틴어 *Equites*는 글자 그대로 하면 '기병'이라는 의미로 원래는 기사 계급을 가리킨다. 때문에 종종 '기사'로 번역되기도 하지만, 기사로 번역했을 경우 대부분의 독자에게 이

것은 아서 왕과 원탁의 기사 같은 잘못된 이미지를 불러일으킨다. 키케로 시대에 *Equites*라는 호칭은 말과의 관련성 대신에 상당히 부유한 시민들로 이루어진 사회계급을 가리키는 말이었다. 이 계급은 원로원 의원 바로 밑에 위치했으며 키케로가 그랬듯이 원로원 의원으로 계급 이동이 가능했다. 이들 대부분은 사업가였다. 따라서 나는 '경제계 Business Community' 혹은 그와 비슷한 단어로 번역했다. 마찬가지로 *Sodalitates*나 *Collegia* 같은 다양한 사회 집단의 경우도 기원전 1세기 로마에서 이들 집단이 수행했던 역할과 가장 비슷한 역할을 하는 '조직' 혹은 '특수 이익집단' 같은 용어를 사용했다. 라틴어 *Optimates*와 *Populares*는 각각 전통주의자와 포퓰리스트로 번역했는데 라틴어의 의미와 가장 가까운 현대어이기 때문이다. 라틴어에 대한 보다 상세한 설명은 용어풀이를 참고하기 바란다.

필립 프리먼

✕

선거에서 이기기 위한
58가지 전략

1

✕

Although you already have all the skills a man can possess through natural ability, experience, and hard work, because of the affection we have for one another I would like to share with you what I have been thinking about night and day concerning your upcoming campaign. It's not that you need my advice, but such affairs can seem so chaotic that it's sometimes best to lay things out in one place in a logical order.

나의 형제
마르쿠스에게

　당신은 타고난 능력과 경험, 노력으로 인간이 가질 수 있는 모든 기량을 이미 갖추고 있습니다. 당신에 대한 애정과 존경을 담아 당신이 곧 치르게 될 선거운동에 대해 제가 밤낮으로 생각해왔던 바를 말씀드리려고 합니다. 당신께 제 조언이 필요해서가 아니라 돌아가는 상황이 너무 혼란스러워 보일 때는 이따금 생각을 하나로 모아 논리적으로 정리하는 것이 가장 좋은 방법일 수 있기 때문입니다.

2

✕

Always remember what city this is, what office it is you seek, and who you are. Every day as you go down to the Forum, you should say to yourself: "I am an outsider. I want to be a consul. This is Rome."

Any criticism of your outsider status will be greatly mitigated by your well-known skill as a speaker, for oratory has always been highly valued. After all, anyone who is good enough to defend former consuls in court should be worthy to be a consul himself. Since you are such an excellent communicator and your reputation has been built on this fact, you should approach every speaking engagement as if your entire future depended on that single event.

나는 집정관이
될 것이다

　여기가 어딘지, 무엇이 되고 싶은지, 당신이 누구인지를 항상 기억하십시오. 광장에 발을 내디딜 때마다 매일매일 자신에게 되뇌어야 합니다. "나는 주변인이다. 나는 집정관이 되고 싶다. 여기는 로마다."

　당신의 빼어난 연설 실력이라면 주변인이라고 당신을 비판하는 목소리도 크게 누그러뜨릴 수 있을 겁니다. 웅변술은 언제나 높이 평가 받아왔기 때문입니다. 어쨌든 법정에서 이전 집정관들을 변호할 정도로 뛰어나다는 것은 당신이 집정관이 될 만한 자격을 갖추었다는 뜻입니다. 당신은 빼어난 의사소통 능력을 보여주었고 이 능력을 기반으로 명성을 쌓아왔습니다. 그러니 연설할 기회가 있을 때마다 마치 당신의 온 미래가 그 연설 하나에 달려 있는 것처럼 열과 성을 다하십시오.

3

It is crucial that you take stock of the many advantages you possess—read what Demetrius wrote about the study and practice of Demosthenes. Consider that few outsiders have the number and variety of supporters that you do. All those holding public contracts are on your side, as well as most of the business community. The Italian towns also support you. Don't forget about all the people you have successfully defended in court, clients from a wide variety of social backgrounds. And, of course, remember the special interest groups that back you. Finally, make good use of the young people who admire you and want to learn from you, in addition to all the faithful friends who are daily at your side.

당신의 지지자들

　당신이 지닌 수많은 장점들을 면밀히 검토하는 것이 무엇보다 중요합니다. 데메트리우스가 데모스테네스의 이론과 실천에 대해 썼던 글을 읽어보십시오. 주변인 중에 당신만큼 지지자가 많고 지지층이 다양한 사람은 없다는 사실에 주목하십시오. 모든 공직자와 경제계 인사 대부분이 당신 편이며, 로마의 자치령들 또한 당신을 지지합니다. 당신의 변론으로 재판에서 승리를 거둔 사람들, 다양한 사회적 배경을 지닌 의뢰인들도 잊지 마십시오. 물론 특수이익집단들도 당신을 지지한다는 것을 기억하십시오. 끝으로 매일 당신 곁을 지키는 충실한 친구들과 당신을 존경하고 닮고 싶어 하는 젊은이들을 잘 활용할 줄 알아야 합니다.

4

✕

Work to maintain the goodwill of these groups by giving them helpful advice and asking them for their counsel in return. Now is the time to call in all favors. Don't miss an opportunity to remind everyone in your debt that they should repay you with their support. For those who owe you nothing, let them know that their timely help will put you in their debt. And, of course, one thing that can greatly help an outsider is the backing of the nobility, particularly those who have served as consuls previously. It is essential that these men whose company you wish to join should think you worthy of them.

친절에
보답 받을 때

지지자들에게 유익한 조언을 하고 충고를 구함으로써
그들이 계속 당신에게 호의를 가지도록 힘쓰십시오. 지금
은 당신이 베풀었던 친절에 보답 받을 때입니다. 당신에게
빚이 있는 모든 사람들에게 지금이야말로 선거에서의 지
지로 빚을 갚을 때라는 점을 꼭 상기시키십시오. 당신에게
빚진 적이 없는 사람이라면, 지금 내미는 도움의 손길에
당신이 곧 보답할 것이라는 사실을 분명히 알려주십시오.
귀족 계급, 특히 과거 집정관을 지냈던 사람의 지지가 당
신에게 큰 힘이 된다는 것은 두 말할 필요가 없을 겁니다.
이들을 내편으로 만들고 싶다면, 반드시 당신이 자신들과
어울리는 사람이라고 생각하게 만들어야 합니다.

5

✕

You must diligently cultivate relationships with these men of privilege. Both you and your friends should work to convince them that you have always been a traditionalist. Never let them think you are a populist. Tell them if you seem to be siding with the common people on any issue it is because you need to win the favor of Pompey, so that he can use his great influence on your behalf or at least not against you.

당신은 전통을
중시하는 사람

특권 계급의 인사들과 친분을 쌓기 위해 공을 들여야 합니다. 그들에게 당신이 전통을 중시하는 사람이라는 확신을 주어야 합니다. 그들 눈에 당신이 대중에 영합하는 사람으로 비쳐서는 안 됩니다. 당신이 어떤 문제에서 대중의 편을 드는 것처럼 보이는 이유는 폼페이우스의 호감을 사야 하기 때문이라고 말하십시오. 영향력 있는 폼페이우스의 도움을 받기 위해서, 아니면 적어도 해를 입지 않기 위해서라도 반감을 사서는 안 된다고 하십시오.

6

✗

Be sure you work to get young men from noble families on your side and keep them there. They can be very helpful to your campaign by making you look good. You already have many supporters among this group, so make sure they know how much you appreciate them. If you can win over even more of them to your side, so much the better.

선거운동에
도움이 될 사람

　반드시 귀족 가문의 젊은이들을 당신의 지지자로 만들어야 합니다. 그들의 지지를 받는다는 사실만으로도 당신은 꽤 괜찮은 사람으로 보일 것이니 선거운동에 큰 도움이 될 수 있습니다. 이미 귀족 가문 젊은이들 가운데 상당수가 당신을 지지하고 있습니다. 그들에게 당신이 그들을 소중히 여긴다는 것을 확실히 각인시켜주십시오. 이들을 당신 편으로 많이 끌어들이면 끌어들일수록 좋다는 사실을 잊지 말아야 합니다.

7

✕

Another factor that can help you as an outsider is
the poor quality of those men of the nobility who
are competing against you. No one could reason-
ably say that their privileged birth makes them more
qualified to be consul than your natural gifts. Who
would believe that men as pathetic as Publius Galba
and Lucius Cassius would run for the highest office
in the land, even though they come from the best
families? You can clearly see that even those from
the loftiest background are not equal to you because
they lack the drive.

당신의 상대

당신의 경쟁자들이 귀족 출신임에도 형편없는 인간이라는 사실은 주변인인 당신에게 유리하게 작용할 수 있습니다. 합리적인 사람이라면 누구라도 집정관에 적합한 사람이 계급적 특권을 가진 귀족이 아니라 천부적 재능을 지닌 당신이라는 사실을 부정할 수 없을 겁니다. 로마 최고의 가문 출신이지만 푸블리우스 갈바나 루시우스 카시우스 같은 한심한 위인들이 로마의 집정관에 입후보할 거라고 누가 생각이나 했겠습니까? 최고 명문가의 일원이어도 그들은 당신의 상대가 되지 못한다는 점을 확실히 알아야 합니다. 그들에게는 투지가 부족하기 때문입니다.

8

✕

But, you might say, what about the other candi-
dates, Antonius and Catiline? Surely they are dan-
gerous opponents? Yes, they certainly are, but not
to someone like you who is energetic, hardworking,
free from scandal, eloquent, and popular with those
in power. You should be grateful to run against men
like those two. They have both been brutes since
they were boys, while even now they are notorious
philanderers and spendthrifts. Consider Antonius,
who had his property confiscated for debt, then
declared under oath in Rome that he couldn't even
compete in a fair trial against a Greek. Remember
how he was expelled from the Senate after a careful
examination by the censors? And don't forget that

상대 후보,
안토니우스

　안토니우스와 카틸리나 같은 후보는 어떤가 궁금할지도 모르겠습니다. 그들은 위험한 적수일까요? 그렇습니다. 확실히 그들은 위협적입니다. 하지만 마르쿠스 당신처럼 에너지가 넘치고 노고를 아끼지 않으며 연설에 능한 사람, 추문이 없고 권력자들 사이에서도 인기를 누리는 사람의 상대는 되지 못합니다. 당신은 안토니우스와 카틸리나 같은 후보와 맞붙은 것에 감사해야 합니다. 이들은 둘 다 어릴 때부터 잔인한 행동을 일삼았고 지금도 여자 뒤꽁무니나 쫓아다니며 재산을 탕진하는 것으로 악명이 자자합니다. 안토니우스를 볼까요? 그는 빚 때문에 재산을 몰수당했고, 로마 법정에서 그리스인과 같은 취급을 받을 수 없다며 재판을 중단시키기도 했습니다. 그가 감찰관으로부터 조사를 받고 원로원에서 어떻게 쫓겨났는지 기억하십니까? 또 그가 법무관에 출마했을 당시 자신의 지지자라

when he ran for praetor he could only muster Sabid-
ius and Panthera to stand beside him. Then after he
was elected as praetor, he disgraced himself by going
down to the market and openly buying a girl to keep
at home as a sex slave. Finally, who could forget that
the last time he put his name up for consul he went
abroad and robbed innkeepers rather than stay here
in Rome and face the voters?

며 곁에 세웠던 인물이 사비디우스와 판테라뿐이었다는
사실도 잊지 마십시오. 법무관으로 선출되고 나서는 시장
에서 공공연하게 어린 소녀를 돈으로 사들여 집에 두고 성
노예로 부리는 등 스스로 명예를 실추시켰습니다. 끝으로
지난번 선거에서는 집정관 후보로 이름을 올리고도 로마
에 머물며 유권자를 만나기보다 해외를 떠돌며 술집을 털
어먹고 다녔다는 사실을 어떻게 잊을 수 있겠습니까?

9

✕

As for Catiline, by the gods, what is his claim to fame? His blood is no better than that of Antonius, but I will grant that he has more courage. He's not afraid of anything, least of all the law, while Antonius trembles at his own shadow. Catiline was born into a poor family, brought up in debauchery with his own sister, and shed his first blood killing Roman citizens and businessmen as a henchman of Sulla. You'll remember he was put in charge of the Gaulish death squads who cut off the heads of the Titinii, Nannii, and Tanusii. He even murdered his own brother-in-law, Quintus Caecilius, a kindly old fellow and good Roman businessman who cared nothing for politics.

상대 후보,
카틸리나

카틸리나로 말할 것 같으면, 맙소사 그가 유명해진 이유가 뭔지 아십니까? 그의 혈통이 안토니우스보다 나을 것은 없지만, 안토니우스보다 용감무쌍하다는 건 인정하겠습니다. 안토니우스가 자기 그림자에 놀라 사시나무 떨 듯 떨어대는 사람이라면, 카틸리나는 어떤 것도 두려워하지 않으니 말입니다. 심지어 법조차. 카틸리나는 몰락한 가문 출신으로 여자 형제와 함께 방탕하게 자랐습니다. 그러다 술라의 심복이 되어 로마 시민과 상인을 살해하면서 자신의 손에 처음으로 피를 묻혔습니다. 그가 지휘하던 갈리아 암살조가 티티니와 난니, 타누시의 목을 벤 사건은 당신도 기억할 겁니다. 게다가 그는 자신의 매부 퀸투스 카이킬리우스를 살해하기도 했습니다. 친절한 노인이자 정치에는 관심도 없는 로마 상인을 말입니다.

10

Catiline, your chief opponent in this contest, took a club and beat poor Marcus Marius, a man very popular with the Roman people. With everyone watching, the scoundrel chased Marius through the streets to a tomb where he tortured him with every cruelty. Then, still alive, he grabbed him by the hair with his left hand and decapitated him with his right and carried the head away with blood dripping between his fingers. Catiline afterward was a friend of actors—can you imagine?—and gladiators. He lived a life of debauchery with the former group and used the latter as hired thugs in all his crimes. He never missed a chance to defile a holy shrine even if his companions refused to stoop so low. He made

예측불가능한
사고뭉치

이번 선거에서 당신의 최대 정적 카틸리나는 로마 시민 사이에서 높은 인기를 누리던 저 가련한 마르쿠스 마리우스를 곤봉으로 두들겨 팼습니다. 이 불한당은 모든 사람이 지켜보는 가운데 도망치는 마리우스를 묘지까지 쫓아가서 잔인하게 고문했습니다. 그런 다음 숨만 붙어 있는 그의 머리칼을 왼손으로 움켜쥐고 오른손으로 목을 베더니 손가락 사이로 피를 뚝뚝 흘리며 머리를 들고 가버렸습니다. 그 후 카틸리나는 배우와 검투사의 친구를 자처했습니다. 그는 배우들과 흥청망청 방탕한 생활을 일삼았고 검투사들을 자신의 온갖 범죄에 자객으로 부렸습니다. 동료들이 비열한 짓이라며 거절하는데도 서슴지 않고 성지를 훼손했습니다. 친구들도 최악이었습니다. 원로원의 큐리우스와 아니우스, 경매소의 사팔라와 카르빌리우스, 사업가 폼필리우스와 베티우스를 친구로 두었으니 말입니다. 게다

friends with the worst sort—Curius and Annius in the Senate, Sapala and Carvilius in the auction houses, Pompilius and Vettius among the businessmen. He was so impudent, so wicked, so skilled in his licentiousness that he molested young boys almost in the laps of their parents. Do I even need to remind you what he did in Africa? It's all recorded in the indictments, which you should take the time to review carefully, by the way. I can't forget to mention that he bribed his way through his trials so heavily that he often left the courts as poor as his judges had been before. Practically every day there is a new call to bring him to justice. He is so unpredictable that men are more afraid of him when he is doing nothing than they are when he is making trouble.

가 사악하고 파렴치하며 음탕한 일에는 도가 터서 아직 부모 무릎에서 놀아야 할 어린 소년들을 추행하고 다녔습니다. 그가 아프리카에서 벌인 일들을 당신께 상기시킬 필요가 있을까요? 기소장에 모두 기록되어 있으니 언제고 시간을 내서 꼼꼼히 읽어보셨으면 합니다. 뇌물을 주고 재판을 빠져나온 이야기도 빼먹을 수 없습니다. 얼마나 돈을 많이 썼는지 재판이 끝나자 뇌물 먹기 전 판사들처럼 빈털터리가 되었다고 합니다. 그를 재판에 회부해달라는 요청이 사실상 거의 매일 접수되는 실정입니다. 워낙 예측 불가능하기 때문에 문제를 일으킬 때보다 아무 일도 벌이지 않을 때가 더 불안한 그런 인물이라 하겠습니다.

11

✕

You have a much better chance of being elected consul than another outsider, Gaius Coelius, who thirty years ago had two very different competitors than you do now. These men were of the most distinguished birth, but their other qualities were even more outstanding. They possessed the greatest integrity and intelligence, the most appealing modesty, and had accomplished many noteworthy deeds for Rome. Both managed their campaigns with consummate skill and care. Yet Coelius beat one of them to win a consulship, even though he was much inferior to them in birth and not superior to either in any notable way.

과거의 예를 돌이켜보라

그래도 당신은 30년 전의 가이우스 코엘리우스보다는 집정관으로 선출될 가능성이 훨씬 높은 편입니다. 당신처럼 주변인이었던 그는 지금 당신의 경쟁 후보와는 전혀 딴판인 두 명을 상대해야 했습니다. 코엘리우스와 경쟁했던 후보자들은 쟁쟁한 가문 출신에다 자질까지 뛰어난 사람이었습니다. 청렴결백함에서 그들을 따라갈 자가 없었고 최고의 지성을 갖췄으며 겸손함으로 사람들의 마음을 사로잡았습니다. 그리고 로마를 위해 괄목할 만한 공을 이미 많이 세운 상황이었습니다. 둘 다 능숙하고 신중하게 선거운동을 벌였지만, 가문도 떨어지고 모든 면에서 둘보다 나을 것이 없었던 코엘리우스는 그들 중 하나를 물리치고 집정관 자리를 차지했습니다.

12
⨯

Therefore, if you make use of your natural gifts and apply all that you have learned in life and if you make no mistakes, it should not be difficult for you to defeat Antonius and Catiline—men who are more distinguished by their crimes than their privileged birth. Can you find a single Roman citizen so despicable that he would in one vote unsheathe two such bloody daggers on the republic?

당신의 승리는 당연

그러므로 당신이 타고난 재능과 살면서 배운 모든 것을 적절히 이용하고 실수하지 않는다면, 어렵지 않게 안토니우스와 카틸리나를 무너뜨리는 것입니다. 출신 가문보다 자신들이 벌인 범죄 행각으로 더 유명한 사람들이니까요. 한 번의 투표로 피비린내 나는 검을 두 자루나 한꺼번에 뽑을 만큼 못 미더운 로마 시민이 공화정 안에 과연 있을까요?

13

×

Since I have already discussed your abilities and
how you can overcome the fact that you are an out-
sider, I want to talk about the details of how you
should run your campaign. You want to be a consul
and everyone agrees you have the ability to do the
job, but there are many who are jealous of you. You
are not part of the nobility, yet you seek the highest
office in the land. Serving in this position would
confer on you a tremendous distinction, especially
as you are courageous, eloquent, and free from scan-
dal, unlike so many others. Those who have held
the office before know very well the glory that being
consul would bestow on you. Those whose ances-
tors were consuls but who have not yet gained it for

시기와 질투의 대상

　당신이 지닌 재능과 당신이 주변인이라는 사실을 극복할 수 있는 방법을 이야기했으니, 이제는 어떻게 선거운동을 해야 하는지에 관해 이야기하려 합니다. 당신은 집정관이 되기를 원합니다. 그리고 모두가 당신이 그 직책을 맡을 자격이 충분하다는 데 동의합니다. 하지만 당신을 질투하는 사람도 많습니다. 당신은 귀족도 아니면서 이 나라 최고위직에 오르고 싶어합니다. 집정관이 되면 당신은 엄청난 명성을 얻게 될 겁니다. 다른 후보들과 달리 당신은 용기 있고 뛰어난 연설 능력을 갖췄으며 추문도 없기 때문에 더 그럴 겁니다. 집정관을 지낸 적이 있는 사람이라면 이 직책으로 당신이 큰 영예를 얻게 되리라는 사실을 잘 알고 있습니다. 집정관을 낸 가문 출신이지만 자신은 아직 집정관이 되지 못한 사람들은 아주 절친한 몇몇을 제외하고는 모두 당신을 시기할 것입니다. 당신보다 먼저 법무관 자리

themselves are going to be envious, unless they are already very good friends of yours. As for the outsiders who have made it to the office of praetor before you but not held the consulship, they are going to be bitterly jealous, save for those who are greatly in your debt.

에 올랐지만 아직 집정관이 되지 못한 주변인들 또한 당신
을 시샘할 겁니다.

로마의 번영을 뒷받침한
공화정 체제

한국정치는 2500여 년 전 로마보다도 못한 것일까.

로마의 역사, 특히 공화정을 중심으로 하는 로마의 정치 제도를 들여다볼수록 우리는 한국의 현실을 자꾸 비교하게 된다. 대외적으로는 전쟁을 통해 영토를 넓혀나가면서도, 대내적으로 귀족과 평민 간의 엇갈린 이해관계를 법과 제도로 풀어나간 과정이 바로 로마의 역사였다. 그 핵심에 공화정이 있다.

사실 고대 로마는 왕정이었다. 250여 년간 7명의 왕이 통치했던 고대 로마는 전제적인 통치의 폐해와 정치·경제적 쇠퇴로 무너졌다. 기원전 510년경 왕정을 폐지하고 공화정이 들어선다. 이후 450여 년간 로마는 공화정 체제를 완성시키면서 융성기를 맞이한다. 또한 로마의 멸망은 공화정의 몰락과 맥을 같이 한다.

이후 1500여 년이 흘러 공화정을 다시 꺼내든 것은 르네상스 시대의 정치이론가 마키아벨리(1469~1527)다. 그의 대표작으로 《군주론》보다 오히려 《로마사 논고》를 앞세우는 견해가 역사학자와 정치학자들 사이에서 나오는 이유다. 그는 당시 그가 사는 피렌체가 정치 세력 간 파벌 다툼 때문에 외세에 휘둘리고 있다고 봤다. 마키아벨리의 해법은 공화정 재건이었다.

공화정共和, Republic은 라틴어 '레스 푸블리카Res Publica'에서 유래했다. 공공의 것 또는 공동의 부를 의미한다. 한자어 공화共和는 중국 주나라에서 제후들이 힘을 합쳐 나라를 이끌었던 공화시대에서 나온 말이다. 주권이 국민에게 있다는 의미에서 군주제와 대비해서 쓰기도 한다. 오늘날에는 최고권력자 또는 통치 집단을 투표로 뽑는 체제로 보면 쉽다. 영국이나 일본처럼 혈통에 의해 권력을 세습하는 군주제와 다르다. 다만 공화정의 실제 운영 방식은 시대에 따라 나라에 따라 천차만별이다.

공화정은 인간 사회의 기본 작동원리를 갖고 접근할 필요가 있다. 공화정은 귀족과 인민(또는 일반 민중)을 중심으로 하는 집단지도 체제다. 귀족은 본래 권력을 기반으로 늘 지배하려는 욕구를 가지고 있고, 인민은 지배에서 벗어나 자유를 보장받으려 한다. 이러한 귀족과 인민 간의 긴장관계는 당연히 있을 수밖에 없는 자연스러운 현상이다.

마키아벨리가 주목한 것도 바로 이것이다. 그는 갈등조정 능력의 상실이 피렌체의 경쟁력을 갉아먹는다고 봤다. 그래서 사회 내부의 갈등을 풀어내고 내부 역량을 결집시키는 정치제도로써 공화정을 주목했다. 단순히 조화와 통합만을 강조하는 것이 아니라 갈등 자체를 기본으로 인정하고 이를 어떻게 내부 결집으로 승화시킬지 고민했다. 마키아벨리는 귀족보다는 인민이 보다 주도권을 쥐는, 인민에 기반을 두는 로마공화정을 이상적으로 봤다. 그렇다고 인민을 전면에 내세워 지배자로 만들겠다는 것이 아니라, 인민의 폭넓은 참여로 귀족의 권력욕과 지배욕을 견제하는 체제를 추구했다. 그런 의미에서 마키아벨리에겐 1500년 전 로마에서 꽃피웠던 공화정이 매력적이었다.

로마공화정의 핵심은
법·제도를 통한 견제와 균형

그리스 출신의 역사가 폴리비오스(BC 203~BC 120)는 로마가 단기간에 부국강병을 이뤄 지중해를 제패한 것은 공화정이라는 정치 체제가 있었기에 가능했다고 분석했다. 집정관과 원로원, 그리고 민회라는 3가지 정치 기구를 혼합한 체제를 통해 권력에 대한 상호견제와 균형을 만들었다는 것이다.

사실 로마의 공화정은 소수 집단에 의한 독점적 정치권력체인 과두제 모습을 띠고 있어 완전한 민주주의로 볼 수는 없다. 하지만 로마는 이를 다른 방식으로 보완했다. 민주주의에 대한 고대 그리스식 사고에 '법치'를 결합했고, '시민'의 범위를 확대할 수 있는 공간을 만들어냈다. 법과 제도를 통해 이를 보장했다.

이 같은 법과 제도는 각종 전쟁에 직접 동원되고 세금

도 내는 인민들이 자기 목소리를 내면서 쟁취한 것들이다. 정치의 부패를 막고 귀족들의 전횡을 통제하는 수단이기도 하다. 일단 인민의 의사를 곧바로 전달할 수 있는 통로로 민회라는 기구를 얻어냈고, 호민관 제도를 통해 원로원과 행정관들에게 인민의 의지를 대변할 수 있도록 했다. 법·제도는 귀족이 자신들의 이해관계를 사적인 방법이 아니라 공적인 방법으로 해결하게 함으로써 인민의 자유를 구현했다. 정치 참여도 혈연이나 재산 같은 사적인 방법이 아니라 객관적 능력을 경쟁하게 제도적으로 갖춰놓았다.

로마공화정은 '원로원'을 통해 귀족제의 장점을 살렸고, '민회'를 통해 민주제를 구현했다. 또한 '집정관'을 필두로 하는 행정관 체제를 통해 군주제의 특징도 함께 작동하도록 했다. 자문기구인 원로원은 1개였지만, 민회는 3개, 행정관도 모두 복수로 두는 방식으로 서로 견제가 이뤄지게 했다. 뿐만 아니라 복수의 민회와 일련의 선출직 행정관들로 이뤄진 두 개의 상호 견제 시스템을 만들었다. 하나는 22개의 행정관 자리와 2개의 민회(켄투리아, 트리부스), 다른 하나는 평민회와 10명의 선출된 호민관을 배치했다.

공화정의 삼두마차
원로원-민회-집정관 체제

귀족제의 장점을 딴 원로원은 순수한 자문기구로 출발했다. 행정관(집정관이나 법정관)이 소집하면 원로원 회의를 열어 행정관이 상정한 문제를 다뤘다. 민회에 상정하는 법에 대한 공식적인 자문을 했고, 때에 따라서는 원로원 결의로 발의하기도 했다. 고위 행정관을 역임하면 종신직으로 원로원에 들어갔는데, 이들은 귀족으로서 집단적인 권위를 가졌다. 중대한 대내외 정책에 대해 원로원 자문이 늘면서 영향력도 점차 커졌다.

로마공화정은 복수의 민회를 통해 민주제도 일정 부분 구현했다. 로마 시민들은 민회를 통해 정무관 선출이나 법률 제정, 재판, 전쟁, 외교 등 중요한 나랏일에 참여했다. 다만 제한적인 민주제 참여였다. 행정관이 제기한 문제에 대해서만 투표를 했으며, 그것도 토론이나 수정 없이 가

부만을 결정할 수 있었다. 원래 시민군에서 출발한 '켄투리아 민회'는 행정관들을 선출했는데, 재산에 따라 투표권을 차등 반영했다. 35개 부족으로 구성한 '트리부스 민회'는 평화와 전쟁을 결의했는데 서로 동등한 투표권을 가졌다.

여기에 추가로 인민들의 투쟁의 산물인 '평민회'를 뒀다. 원래 로마에선 귀족들만 공직을 맡았었는데, 이를 바꾼 것이 호민관 제도다. 평민회에서 호민관을 선출하고, 호민관은 평민회를 소집할 권한을 가졌다. 특히 평민회는 원로원과 상관없이 법을 제정할 수 있는 투표권까지 있었다. 호민관은 공화국에서 벌어지는 어떤 행위에 대해서도 이를 정지시킬 수 있는 거부권을 가졌다. 다만 다른 행정관과 마찬가지로 또 다른 동료 호민관이 견제할 수 있게 했다.

오늘날 정부라고 할 수 있는 '행정관' 제도도 공화정의 또 다른 축이다. 집정관 2명을 비롯해 감찰관 2명, 법정관 6명, 재정관 8명, 조영관 4명 등 총 22명의 고위직 행정관을 뒀다. 권력 남용을 막기 위해 복수로 행정관들을 뽑았고, 서로에 대한 거부권도 가졌다. 임기는 1년이다. 집정관은 로마공화정의 최고위 행정관으로 민정과 군사 두 분야에서 최고의 권한을 가졌다. 로마 정부의 수반으로 원로원과 협의하고, 민회를 주재했다. 감찰관은 징병을 위한 인구 조사와 재산 조사를 주업무로 맡았고, 불미스런 일을 일으키면 원로원이나 행정관에서 쫓아낼 수 있는 권한도 있었다. 법무관은 재판을 관장하고 속주 군대를 지휘할 수도 있었다. 법무관을 거쳐야만 집정관에 출마할 수 있었다. 이외에 조영관은 도시의 내부 행정을 맡았고, 재무관은 재정 업무를 담당했다.

이처럼 로마공화정은 인민과 귀족의 견제와 균형을 구현한 제도였다. 공동체를 구성하는 각 이해 관계자들은 서로 지분을 갖고, 공화국의 주인은 인민과 귀족 모두라는 의식을 가졌다. 이를 통해 공적인 정당성도 확보했다. 하지만 이 같은 견제 장치가 흔들리면서 로마공화정이 무너졌고, 제정 체제로 넘어가게 된다. 이는 로마의 멸망을 앞당겼다.

14

✕

I know very well that there are many others who despise you. With the turmoil

of the last few years, plenty of voters don't want to risk electing an outsider. There are also those who are angry at you regarding the clients you defended in court. And take a close look at those supposed friends of yours who might be secretly furious that you have so zealously supported Pompey.

드러내지 않는
분노를 경계하라

제가 알기로 당신을 업신여기는 사람도 많습니다. 지난 몇 년간 정국이 혼란스러웠기에 많은 유권자들 또한 주변인을 집정단으로 선출하는 위험을 감수하고 싶어하지 않습니다. 당신이 법정에서 의뢰인을 변호했던 일로 당신에게 화가 난 사람도 있습니다. 소위 당신의 친구라고 자처하는 사람들 중에 당신이 폼페이우스를 열렬히 지지했던 것에 대해, 겉으로 드러내지는 않지만 분노하는 사람은 없는지 면밀히 살펴보십시오.

15

✕

To speak bluntly, since you are seeking the most important position in Rome and since you have so many potential enemies, you can't afford to make any mistakes. You must conduct a flawless campaign with the greatest thoughtfulness, industry, and care.

한 치의 실수도
용납되지 않는 선거운동

터놓고 말해서 당신이 로마에서 가장 중요한 직책을 얻으려고 하기 때문에, 그리고 잠재적인 적이 이처럼 많기 때문에 당신에게는 어떠한 실수도 용납되지 않습니다. 따라서 나무랄 데 없이 완벽한 선거운동을 최대한 사려 깊고 성실하게, 그러면서도 조심스럽게 전개해야 합니다.

16

✕

Running for office can be divided into two kinds of activity: securing the support of your friends and winning over the general public. You gain the goodwill of friends through kindness, favors, old connections, availability, and natural charm. But in an election you need to think of friendship in broader terms than in everyday life. For a candidate, a friend is anyone who shows you goodwill or seeks out your company. But don't neglect those who are your friends in the traditional sense through family ties or social connection. These you must continue to carefully cultivate.

선거에서의 우정

공직에 입후보하면 친구들의 지지를 확보하고 일반 대중의 마음을 얻기 위해 움직여야 합니다. 당신은 친절과 호의, 오랜 친분, 이용가치, 타고난 매력으로 친구들의 호감을 사고 있습니다. 하지만 선거에서는 우정을 일상생활에서보다 넓은 의미로 이해할 필요가 있습니다. 후보자에게는 호의를 보이거나 동료를 만들어주는 사람은 모두가 친구입니다. 그렇다고 가족관계나 사회적 친분으로 맺어진 전통적 의미의 친구를 소홀히 대해서는 안 됩니다. 이들과의 관계 역시 계속 공고히 유지되도록 정성을 다해야 합니다.

17

✕

Do not overlook your family and those closely connected with you. Make sure they all are behind you and want you to succeed. This includes your tribe, your neighbors, your clients, your former slaves, and even your servants. For almost every destructive rumor that makes its way to the public begins among family and friends.

악의적 소문의 진원지

가족을 비롯해서 당신과 밀접한 관계에 있는 사람들을 소홀히 대해서는 안 됩니다. 반드시 그들 모두가 당신의 성공을 바라고 당신을 지지하도록 만들어야 합니다. 여기에는 친인척이나 이웃, 의뢰인, 과거에 데리고 있던 노예, 현재 부리고 있는 하인까지 모두 포함됩니다. 선거에 치명적인 영향을 주는 악의적인 소문은 대부분 가족과 친구에게서 시작되기 때문입니다.

18

✕

You should work with diligence to secure sup-
porters from a wide variety of backgrounds. Most
important among these are men of distinguished
reputations, for even if they don't actively back you
they will confer dignity on you by mere association.
Work to win over former magistrates, including
those who have been consuls but also tribunes of the
people, for this makes you look worthy of holding
high office. Make friends with any man who holds
great influence among the centuries and tribes, then
work to keep them on your side. In recent years am-
bitious men have labored to gain influence over their
fellow tribesmen, so do whatever it takes to make
them support you sincerely and enthusiastically.

영향력을 행사할 수 있는 사람

다양한 배경을 지닌 사람들의 지지를 얻기 위해 성심을 다해야 합니다. 그중에서도 뛰어난 평판과 명성을 지닌 사람들이 가장 중요합니다. 그들이 당신을 적극적으로 지지하지 않는다 해도 그들과의 친분만으로도 당신의 품격이 올라가기 때문입니다. 전임 행정 관료들, 예컨대 집정관이나 호민관을 지낸 사람들의 마음을 얻기 위해 애쓰십시오. 당신이 고위 공직에 어울리는 사람이라는 인상을 주는 데 도움이 될 겁니다. 투표 그룹인 백인대와 부족에 영향력을 행사할 수 있는 사람이라면, 그가 누구든 친분을 맺고 어떻게든 당신 편으로 만드십시오. 최근 정치적 야망이 있는 인사들은 부족민들 사이에서 영향력을 확보하기 위해 노력하고 있습니다. 그러니 수단과 방법을 가리지 말고 부족민들이 당신을 진심으로, 그리고 열렬히 지지하도록 만드십시오.

19

✕

If men are sufficiently grateful to you, as I'm sure they are, everything will fall into place. Over the last two years you have been diligent in gaining the support of four key organizations, those run by Gaius Fundanius, Quintus Gallius, Gaius Cornelius, and Gaius Orcivius—all men of the greatest importance for the success of your campaign. I know about the agreements these four made with you to represent their interests, since I was there at the meetings. So now is time to press home their obligations to you through frequent requests, assurances, encouragement, and admonition. Again, tell them this is the occasion to pay their political debts to you if they want you to look favorably on them in the future.

그들의 이익을 약속하라

그럴 거라 확신합니다만, 사람들이 흡족해하며 당신에게 고마움을 표한다면 모든 일이 순조롭다고 할 수 있습니다. 지난 2년 동안 당신은 가이우스 푼다니우스, 퀸투스 갈리우스, 가이우스 코르넬리우스, 가이우스 오르시비우스가 운영하는 주요 단체 네 곳의 지지를 얻기 위해 공을 들여왔습니다. 이들은 당신의 선거운동이 성공하는 데 결정적인 도움을 주게 될 겁니다. 마침 제가 그들의 모임에 참여해 알게 된 사실이지만, 이 단체들은 자신의 이익을 대변할 사람으로 당신을 선택하고 지지하기로 합의했습니다. 지금은 요구사항을 자주 전달하고 확신을 주며 독려하고 경고하면서 약속한 의무를 다하도록 이들을 밀어붙일 때입니다. 그들에게 당신이 앞으로도 우호적으로 대하기를 바란다면, 그들이 진 정치적 빚을 이번 기회에 갚아야 한다고 말해주십시오.

20

✕

Remember also those men who owe you favors because you defended their interests successfully in court. Make it clear to each one under obligation to you exactly what you expect from him. Remind them that you have never asked anything of them before, but now is the time to make good on what they owe you.

당당히 요구하라

당신의 변론 덕분에 재판에서 승리한 사람들도 잊지 마십시오. 당신에게 은혜를 입은 사람들에게 당신이 무엇을 기대하는지 명확하게 말해주십시오. 지금까지 당신이 어떤 부탁도 한 적이 없음을 상기시키면서 지금이야말로 당신에게 보답할 때라는 걸 일깨우십시오.

21

✕

There are three things that will guarantee votes in an election: favors, hope, and personal attachment. You must work to give these incentives to the right people.

You can win uncommitted voters to your side by doing them even small favors. So much more so all those you have greatly helped, who must be made to understand that if they don't support you now they will lose all public respect. But do go to them in person and let them know that if they back you in this election you will be in their debt.

당신의 지지자 Ⅰ
당신에게 도움을 받은 사람

선거에서 유권자는 호의나 기대, 혹은 개인적 친분이라는 동기에 의해 특정 후보에게 표를 던집니다. 따라서 당신을 지지하도록 하려면 각 유권자의 특성에 맞는 동기부여 방법을 찾는 것이 중요합니다.

아주 작은 호의를 베푸는 것만으로도 당신을 지지하지 않는 유권자를 당신 편으로 만들 수 있습니다. 당신에게 큰 도움을 받은 적이 있는 사람이라면 당신을 지지하게 만들기가 한결 쉬울 겁니다. 지금 당신을 지지하지 않으면 신의를 저버리는 사람이 되어 공개적인 망신을 당할 거라는 사실을 이해시키십시오. 하지만 이번 선거에서 당신을 지지해준다면 언젠가는 당신의 보답을 받게 될 것이라는 점도 일깨워주어야 합니다.

22

✕

As for those who you have inspired with hope—
a zealous and devoted group—you must make them
to believe that you will always be there to help them.
Let them know that you are grateful for their loy-
alty and that you are keenly aware of and appreciate
what each of them is doing for you.

.

당신의 지지자 II
뜻을 같이하는 사람

당신에게 기대와 희망을 품고 있는 열성적이고 헌신적인 사람들에게는 당신이 항상 그들 곁에 함께하면서 도움을 줄 거라는 믿음을 주십시오. 그들의 한결같은 지지에 감사하고 있으며 그들 하나하나가 당신을 위해 어떤 일을 하고 있는지 분명히 알고 있음을 알려주어야 합니다.

23

✗

The third class of supporters are those who show goodwill because of a personal attachment they believe they have made with you. Encourage this by adapting your message to fit the particular circumstances of each and showing abundant goodwill to them in return. Show them that the more they work for your election the closer your bond to them will be. For each of these three groups of supporters, decide how they can help you in your campaign and give attention to each accordingly, reckoning as well how much you can demand from them.

당신의 지지자 Ⅲ
호의를 가진 사람

　세 번째 지지층은 자신이 당신과 개인적으로 친하다고 생각하기 때문에 호의를 보이는 사람들입니다. 그들 각자의 상황에 부합하는 메시지로 당신의 넘치는 호의를 되돌려줌으로써 친분을 강화하십시오. 그들이 당신의 선거를 위해 더 많은 일을 해줄수록 당신과의 유대가 더욱 돈독해질 것이라는 걸 보여주십시오.

　이들 세 부류의 지지자는 선거운동에서 당신을 도울 수 있는 방식이 서로 다릅니다. 그러니 그들이 당신의 선거운동에 기여할 수 있는 방법을 정하고 그들에게 얼마만큼의 도움을 요청할 수 있는지 가늠하여 다르게 관심을 기울이십시오.

24

✕

There are certain key men in every neighborhood and town who exercise power. These are diligent and wealthy people who, in spite of not backing you previously, can be persuaded to support you if they feel indebted to you or see you as useful to them. As you cultivate relationships with these men, make sure they realize that you know what you can expect from them, that you recognize what they have done for you, and that you will remember their work for you. But be sure to distinguish these men from those who seem important but have no real power and in fact are often unpopular in their group. Recognizing the difference between the useful and useless men in any organization will save you from investing your time and resources with people who will be of little help to you.

인플루언서와의
관계 구축

모든 지역과 자치령에는 영향력을 행사하는 중요한 인물들이 있습니다. 이들은 부지런하고 부유합니다. 이전까지 당신을 지지하지 않았더라도 당신이 자신에게 이익이 되는 사람이라는 판단이 든다면 당신을 지지할 것입니다. 이들과 관계를 구축할 때는 그들에게 기대하는 바를 명확하게 전달하고 그들이 당신을 위해 해준 일과 하고 있는 일을 당신이 잘 알고 있으며, 이것들을 늘 염두에 둘 것이라는 점을 확실히 해주십시오. 그런데 주민들 중에는 중요한 인물인 것처럼 보이지만 실제로는 힘이 없거나 때때로 공동체 안에서 평판이 좋지 못한 사람도 있으니, 이런 사람들과 영향력 있는 인물을 구별할 줄 알아야 합니다. 어떤 조직이든 유용한 사람과 그렇지 못한 사람이 있게 마련입니다. 이들을 구분한다면 도움이 되지 않을 사람에게 당신의 시간과 자원을 투자하는 수고를 덜 수 있을 겁니다.

25

✕

Although the friendships that you have already established and confirmed should be a great help and strengthen your chances of winning the consulship, the friendships you make while campaigning can also be very useful. Running for office, as wearisome as it is, has the advantage of allowing you to meet and get to know many different types of people you wouldn't normally associate with in your daily life. This is perfectly respectable during a campaign—in fact you would be thought a fool if you didn't take advantage of it—so that you can eagerly and unashamedly cultivate friendships with people no decent person would talk to.

평소라면
어울리지 않았을 사람

당신과 긴밀하고 확고한 관계를 맺고 있는 오랜 친구들은 당신에게 분명 큰 힘이 되며 당신의 당선 가능성을 높이는 데 도움이 될 것입니다. 하지만 선거운동 기간에 새로 알게 된 사람들도 큰 도움이 될 수 있습니다. 공직 출마는 어렵고 힘든 일이지만, 평소라면 어울리지 않았을 완전히 다른 유형의 사람들을 만나고 알아갈 수 있는 이점도 있습니다. 점잖은 사람이라면 말도 섞지 않을 사람들과도 당당하게, 그리고 열심히 친분을 쌓아 나가십시오. 이는 선거운동 과정에서 매우 칭찬받을 만한 행동일 뿐 아니라 반드시 필요한 일(사실 이러한 이점을 살리지 않는다면 어리석은 일)입니다.

26

✕

I assure you that there is nobody, except perhaps ardent supporters of your opponents, who cannot be won over to your side with hard work and proper favors. But this will only work if a man sees that you value his support, that you are sincere, that you can do something for him, and that the relationship will extend beyond election day.

선거 이후에도
관계가 유지될 것이라는 확신

　경쟁 후보의 열렬한 지지자가 아닌 이상 열심히 노력하고 적절한 호의를 베풀면 모두 당신 편으로 끌어들일 수 있다고 확신합니다. 그러기 위해서는 당신이 그들의 지지를 받을 만한 사람이라는 생각이 들어야 하고, 당신이 자신들을 위해 중요한 무언가를 해줄 수 있는 진실된 사람이라는 느낌이 들어야 하며, 선거 이후에도 관계가 유지될 것이라는 확신이 들어야만 한다는 것을 잊지 마십시오.

27

✕

Believe me, no one with any brains at all will pass on the chance to strike up a friendship with you, especially as your competitors are not the sort anyone would want as friends. Your opponents could not begin to heed the advice I am giving you, let alone follow it through.

당신과
친구가 될 기회

조금이라도 생각이 있는 사람이라면, 당신과 친분을 쌓을 수 있는 기회를 놓치지 않을 겁이다. 무엇보다 당신과 경쟁하게 될 후보자들은 친구로 삼고 싶은 부류가 아니니까 제 말을 믿으셔도 좋습니다. 그들은 제가 당신께 드리는 조언을 따르기는커녕 귓등으로도 듣지 않을 것입니다.

28

✕

Look at Antonius—how can the man establish friendships when he can't even remember anyone's name? Can there be anything sillier than for a candidate to think a person he doesn't know will support him? It would take miraculous ability, renown, and accomplishments to win over voters without taking the time to talk to them. A lazy scoundrel, unwilling to work for supporters, lacking intelligence, having a poor reputation, and possessing no friends cannot possibly beat a man backed by many and admired by all unless something goes horribly wrong.

모르는 사람이
자신을 지지할 것이라는 착각

안토니우스만 해도 그렇습니다. 사람 이름조차 기억하지 못하는 사람이 어떻게 친구를 만들 수 있겠습니까? 모르는 사람이 자신을 지지할 거라고 생각하는 후보가 있다면, 그보다 바보 같은 생각이 또 어디 있겠습니까? 유권자에게 시간과 공을 들이지 않고도 그들의 마음을 사로잡으려면 기적적인 능력과 명성, 업적이 있어야 합니다. 무언가 끔찍한 일이 생겨 크게 잘못되지 않는 이상, 지지자들을 위해 일할 생각도 없는데다 친구도 없는, 게으르고 무지하며 평판 나쁜 불한당이 모두가 존경하고 지지하는 사람을 이길 수는 없습니다.

29

×

Therefore work to obtain the support of all the voters by making friends of various sorts. This should include senators, of course, as well as Roman businessmen and important men of all classes. There are plenty of influential people in this city in addition to numerous freed slaves who frequent the Forum. As much as you can, whether on your own or through your friends, work to bring them to your cause. Talk to them, send your allies, do everything possible to show them that they matter to you.

노예에서
원로원 의원까지

그러므로 다양한 친구를 만들어 모든 층의 유권자로부터 지지를 얻기 위해 노력하십시오. 당연한 말이지만 로마의 사업가들과 모든 계층의 주요 인사들뿐만 아니라 원로원 의원들의 지지도 얻어야 합니다. 이곳 로마에는 광장을 수시로 드나드는 해방된 노예들도 많지만 명망 있고 영향력 있는 인사들도 많습니다. 직접 하든 아니면 친구들의 힘을 빌든, 가능한 모든 방법을 동원해서 사람들이 당신의 대의에 동참하도록 힘쓰십시오. 그들과 대화하고 지지자를 보내 당신이 그들을 얼마나 중요하게 생각하는지 알리기 위해 무엇이든 해야 합니다.

30

✕

After this turn your attention to the special interest groups, the neighborhood organizations, and the outlying districts. If you make the leading men from each of these your friends, the rest will follow along. Then turn your efforts and thoughts to the towns of Italy so that you know which tribe each belongs to. Make sure you have a foothold in every colony, village, and farm in Italy.

지역공동체를 확실한
지지 기반으로 만들어야

특수 이익집단, 지역공동체 조직, 외딴 지역에도 주의를
기울여야 합니다. 이들의 지도자를 당신의 친구로 만들면,
나머지 사람들도 당신의 친구가 될 것입니다. 로마의 자치
령들로 사고와 노력을 확장시켜서 어떤 부족이 어떤 도시
를 지배하고 있는지 알아내십시오. 그래서 로마의 모든 식
민지와 마을, 농장에서 확실한 발판을 마련해야 합니다.

31

✕

Seek out men everywhere who will represent you as if they themselves where running for office. Visit them, talk to them, get to know them. Strengthen their loyalty to you in whatever way works best, using the language they understand. They will want to be your friends if they see that you want to be theirs. Small-town men and country folk will want to be your friends if you take the trouble to learn their names—but they are not fools. They will only support you if they believe they have something to gain.

If so, they will miss no chance to help you. Others, especially your competitors, won't trouble themselves to develop friendships with these sorts

당신을 대신할 스피커
소시민

마치 자신이 공직에 출마한 것처럼 어디에서나 당신을 대변해줄 만한 사람을 찾는 데 힘쓰십시오. 당신을 대변해줄 사람이 있다면 만나서 그들과 이야기 나누고 친해져야 합니다. 그들이 이해할 수 있는 언어를 구사해서, 당신을 위해서 무슨 일이든 최선을 다할 수 있도록 그들의 충성심을 강화시키십시오. 당신이 그들과 혼연일체가 되길 바란다는 것을 각인시켜준다면, 그들도 기꺼이 당신의 친구가 될 겁니다. 작은 마을이나 시골에 사는 사람들은 당신이 자신들의 이름을 알려고 애쓰는 것만으로도 기뻐할 겁니다. 그렇다고 그들이 바보라는 이야기는 아닙니다. 자신이 얻을 게 있다고 생각될 때, 비로소 온전히 당신을 지지할 것입니다. 그리고 일단 자신이 얻을 게 있다는 판단이 서면 당신을 도울 수 있는 기회를 절대 놓치지 않을 겁니다. 당신의 경쟁자들은 이런 부류의 사람들과 친분을 쌓으려

of people, so if you take the time, they can be all the more valuable to you as friends and allies.

하지 않을 겁니다. 그러니 그들에게 시간과 공을 들이십시오. 그러면 소도시의 시골사람들, 소시민이야말로 친구나 지지자 이상의 가치를 발휘할 것입니다.

집정관이 되어야만 했던
마르쿠스 키케로

키케로가 로마 정치 전면에 나섰던 시기는 로마의 황금기이자 공화정 위기가 점차 고조되던 때였다. 사실 귀족 출신도 아닌 지방 신출내기였던 키케로가 로마 중앙정계에 성공적으로 발을 들여놓은 것 자체가 당시로선 대단한 일이었다. 31세에 재무관으로 선출된 것을 시작으로 그는 5년 뒤 안찰관, 다시 4년 뒤엔 법무관으로 선출됐다. 이어 3년 뒤인 기원전 63년에 키케로는 로마공화정 최고의 관직인 집정관에 당선됐다. 원로원에 맞서 로마공화정을 무너뜨리려했던 카틸리나의 역모 사건을 적발한 것도 이때다. 하지만 이후 카이사르를 주축으로 하는 삼두정치가 들어서자 정계에서도 밀려났다. 《국가론》을 비롯한 저작 활동에 집중한다. 폼페이우스와 카이사르가 권력을 놓고 다툴 때 키케로가 폼페이우스 편에 가담한 것도 그가 원로원파였기 때문이다. 공화정의 복원을 기대했던 셈이다. 하지만 카이사르가 전쟁에서 승리하면서 그러한 꿈은 멀어졌다. 카이사르가 정적이자 친구인 키케로에게 정치 재개를 권했지만, 독재 정치에 신물을 느낀 그는 또다시 저술활동만 몰두했다. 카이사르가 암살되자 그는 독재정치와 폭력정치를 비판하면서 공화정을 재건에 나섰다. 하지만 그가 지속적으로 비판했던 안토니우스가 가세한 2차 삼두정치가 만들어지자 공화정에 대한 미련을 버리게 된다. 되레 살생부 명단에 올라 안토니우스 부하들에게 암살당하면서 재건의 꿈도 사라졌다.

이처럼 키케로가 목숨을 걸고 평생에 걸쳐 공화정이라는 신념을 버리지 않은 것은 피의 숙청과 보복의 악순환을 막아내려면 공화정을 복원하는 길밖에 없다고 봤기 때문이다. 권력투쟁이 벌어질 때마다 공화정이 흔들렸는데, 되레 공화정을 지켜야 이 같은 갈등을 제도권 틀 내에서 조정할 수 있다고 생각한 것이다.

키케로는 《국가론De Re Publica》에서 공화정을 이렇게 설명한다.

"국가는 인민의 재산이다. 하지만 인민은 무작정 모인 사람들의 집합이 아니다. 정의와 공공선을 위한 협력에 대해 동의한 다수의 사람들의 결사다. 결사를 형성하는 최초의 원인은 개인의 약함이라기보다는 자연이 인간에게 심어준 어떤 종류의 사회성의 정신이다."

키케로가 생각한 공화정은 공공선에 대한 서로의 신뢰였다. 공동의 이익을 위해 서로 협력하는 것이 인간의 본성이라고 봤다. 모든 사람은 공공선을 위해 협력하는 것이 당연하고, 국가는 이러한 협력 체제와 인간의 본성을 권리와 의무로 보장해야 한다는 논리다. 특히 법과 제도가 이를 뒷받침해야 한다고 봤다.

사실 서양에서 공화주의는 고대 그리스와 로마에서 원초적인 모습을 찾아볼 수 있다. 그리스의 아리스토텔레스는 시민들의 직접적인 정치 참여를 중요하게 생각했다. 시민들이 돌아가면서 지배를 하고 지배를 받는 상황에서 자유와 평등도 보장받을 수 있다는 것이다. 반면 키케로는 시민들의 정치 참여보다는 법과 제도를 중시했다. 자의적인 지배나 억압을 막을 수 있는 법과 제도적 장치를 갖춰

놓을 때 비로소 자유를 획득할 수 있다는 주장이다. 법치를 강조한 셈이다. 실제로 로마공화정은 법을 기반으로, 견제와 균형을 이룰 수 있는 혼합 체제를 추구했다.

그러나 로마가 급성장하면서 각종 양극화 현상이 심화되자 기존 시스템을 지탱했던 정치권 내의 불문율들이 와해되기 시작했다. 부정부패와 함께 정치 폭력이 횡행했다. 특히 특권에 집착하면서 시스템을 제때 개혁하지 않은 귀족과 고위 행정관 세력들이 공화정 몰락의 결정적인 역할을 했다.

자초한 로마공화정의
위기와 붕괴

공화정 체제는 끊임없이 도전을 받았다. 하층민을 중심
으로 반란이 일어나면서 원로원에 대한 개혁 요구가 갈수
록 커졌고, 노예 반란까지 벌어졌다. 가난한 농민과 퇴역한
병사들의 불만이 커졌다. 하지만 보수적인 원로원은 퇴역
병 정착을 위한 농지법 등을 거부한다.

결국 원로원의 눈을 피해 폼페이우스와 카이사르가 비
밀리에 협약을 맺고 크라수스까지 끌어와 삼두정치를 시
작한다. 약속대로 폼페이우스는 카이사르가 집정관이 되
는 것을 도와줬고, 카이사르는 농지법 개혁을 이끌어냈다.
삼두정치파는 퇴역병과 평민들을 선동하면서 원로원을 압
박했고, 원로원은 장군들에 대한 통제권을 잃으면서 크게
약화된다. 로마 시민들의 동요가 커지면서 폭력 사태도 잦
았다. 로마공화정 체제가 큰 위기에 직면한 순간이다. 뒤늦

게 원로원에서 폼페이우스와 손잡고 공화정 복원에 나섰
지만, 루비콘 강을 건너 돌아온 카이사르가 로마를 장악
하면서 무소불이의 권력자로 등극했다. 카이사르는 고도
의 중앙집권화를 추진했고, 자신을 종신독재관으로 선언
하면서 오히려 독재로 흘러갔다. 위협을 느낀 원로원 의원
들이 카이사르를 암살하면서 공화정은 복원되는 듯했다.

하지만 한 번 뒷걸음친 공화정은 돌이키는 게 쉽지 않
았다. 권력 투쟁에서 승리한 옥타비아누스가 집권하면서
로마는 질서와 안정을 되찾았지만, 정치 체제는 완전히 달
라졌다. 겉으로는 공화정의 모습을 갖췄지만 실질적인 권
력은 모두 옥타비아누스 한 사람에게 집중됐다. 이른바 공
화정이 막을 내리고 제정 체제로 넘어갔다.

'존엄자(아우구스투스)'라는 칭호를 받은 옥타비아누스는
집정관과 호민관 권한을 동시에 가졌다. 원로원은 그에게
종신권력을 부여했다. 특히 로마의 정예군에 대한 통제권
까지 갖고 있어 원로원이 옥타비아누스 1인에게 복종할 수
밖에 없었다. 당시에는 군을 정적 제거에도 활용했기 때문
이다. 로마는 이후 태평성대를 이뤘지만, 정치 체제로는 공

화정의 모습이 완전히 자취를 감췄다. 이탈리아에서 도시 공화정으로 되살아날 때까지 공화정은 1500여 년 동안 사라지게 된다.

로마공화정을
무너뜨린 네 가지

　로마공화정은 본질적으로 강력한 과두정Oligarchy 지배
체제다. 하지만 견제와 균형을 통해 내부적 갈등을 효과적
으로 조율해나갔다. 그러나 로마의 전성기는 또 다른 내부
분열로 이어졌다. 전쟁에서 잇달아 승리하고 영토를 넓혀
나갔지만 경제적 불평등과 정치 권력 양극화가 동시가 커
졌다. 로마공화정 특유의 견제와 균형 시스템에 균열이 가
기 시작했다.

　첫째, 갈수록 지나치게 보수화된 원로원이 잡음을 지속
적으로 일으켰다. 원로원은 로마 귀족들의 정치적 도덕성
의 상징이기도 했다. 공화정 자체가 공공선을 원칙으로 출
발했기 때문에 도덕성의 붕괴는 로마공화정의 위기를 의
미했다. 원로원 자체의 입김도 세졌지만 내부에서도 서열
이 강해졌다. 일례로 원로원은 점차 엄격해진 서열 때문에

발목이 잡히는 사례가 많았다. 토론을 시작해도 일인자가 가장 먼저 의견을 밝히는 식으로 순서가 있어서 서열이 낮을수록 발언 기회를 얻기 어려웠다. 서열이 높을수록 발언 기회가 많아 결론도 그들 의견에 따라갈 가능성이 높아졌다.

둘째, 행정관들이 영향력이 상대적으로 떨어졌다. 임기가 짧은데다가 전임 고위 행정관들로 이뤄진 원로원 눈치를 보는 일이 점차 많아졌다. 또 다른 행정관을 하거나 나중에 원로원에 들어가서 서열이 높아지려면, 원로원 눈치를 보지 않을 수 없었다. 그러다보니 갈수록 원로원 내 실세 집정관 출신들의 목소리가 커졌다.

셋째, 호민관마저 원로원과 점차 유착했다. 원래 호민관 제도 자체가 평민의 목소리를 내기 위해 귀족과의 투쟁에서 쟁취한 것인데, 호민관들이 되레 원로원 귀족들의 입김에 휘둘리는 경우가 늘었다. 평민이 아닌 귀족을 대변하는 상황이 벌어진 것이다. 젊은 호민관들이 노련한 원로원 귀족들의 도움을 받길 원했고 실제로 도움을 받기도 했다.

마지막으로 민회도 형식적인 기구로 전락했다. 켄투리

아 민회는 재산이 많은 계층의 입김이 커지면서 그들 위주로 결론이 났다. 게다가 트리부스 민회는 농촌 지역 거주자들의 투표율이 크게 떨어져 힘이 없었다. 평민회도 평민의 목소리보다는 기득권에 의해 좌지우지됐다. 결국 민의를 대변하지 못하는 민회가 되어버렸다.

32

✕

But with any class of people, it isn't enough that you merely call them by name and develop a superficial friendship. You must actually be their friend. When they believe you are, the leaders of any organization will rally their members to work hard for you since they know that backing you will naturally benefit them as well. Thus when all your supporters among the towns, neighborhoods, tribes, and various groups are working together on your behalf, you should feel very hopeful indeed.

집단의 이익을 대표하는 사람

그러나 그저 이름을 불러주며 가벼운 친분관계를 맺는 것에 그쳐서는 안 되는 사람도 있습니다. 당신은 그들과 진짜 친구가 되어야 합니다. 어느 조직의 지도자라면 당신이 진정한 친구라는 생각이 들어야만 회원을 모으고 당신을 위해 힘쓸 것입니다. 당신에 대한 지지가 곧 자신들에게 이익으로 되돌아올 것이라는 사실을 잘 알기 때문입니다. 따라서 자치령, 이웃공동체, 부족, 다양한 단체에 소속된 지지자들이 모두 당신에게 힘을 보태려 애쓰고 있다면 선거 전망이 밝은 것이니 희망을 가지셔도 좋습니다.

33

You should pay special attention to the centuries that represent the businessmen and moderately wealthy citizens. Get to know the leading members of these groups, which shouldn't be difficult as they are not great in number. Most of them are young men, so they should be easier to win over than those already set in their ways. Do this and you will have the best and the brightest of Rome on your side. This effort will be greatly aided by the fact that you are one of them, as long as you work to secure this voting block by making friends with their leaders and serving the interests of the group as a whole. It will help your campaign tremendously to have the enthusiasm and energy of young people on your side to canvass voters, gain supporters, spread news, and make you look good.

엘리트 집단을 우군으로

사업가와 상당한 재산을 소유한 시민들로 구성된 백인
대에 각별히 관심을 기울여야 합니다. 백인대를 이끄는 수
뇌부와 안면을 트십시오. 수가 그렇게 많지 않으니 어렵
지 않을 겁니다. 또한 그들 대부분이 젊기 때문에 이미 생
각이 굳어 있는 사람들보다 설득하기 쉬울 겁니다. 이들을
당신 편으로 만드십시오. 그러면 당신은 로마에서 가장 뛰
어나고 영민한 사람들을 우군으로 얻게 될 겁니다. 이들
유권자를 확보하기 위해 그들의 지도자와 친구가 되고 조
직 전체의 이익에 도움을 주기 위해 애써야 합니다. 당신도
백인대 출신이라는 사실이 그들의 마음을 얻는 데 큰 도
움이 될 것입니다. 당신을 지지하는 젊은이들의 열정과 에
너지를 선거유세에 쏟아부어 지지자를 확보하고 새로운
소식을 전파할 수 있다면, 그래서 당신이 멋진 사람으로
보일 수 있다면, 선거운동에 엄청난 도움이 될 것입니다.

34

✕

Since I have touched on the subject of followers, let me also say that you must have a wide variety of people around you on a daily basis. Voters will judge you on what sort of crowd you draw both in quality and numbers. The three types of followers are those who greet you at home, those who escort you down to the Forum, and those who accompany you wherever you go.

주변 인물이 당신의 됨됨이

저는 오랫동안 추종자라는 주제를 연구해왔습니다. 그래서 당신 곁에 매일매일 아주 다양한 사람들이 포진해 있어야 한다는 말씀을 드리고 싶습니다. 유권자들은 당신 주위에 어떤 사람이 얼마나 몰려드는지로 당신의 됨됨이를 판단할 것입니다. 추종자는 세 부류가 있습니다. 인사하기 위해 집으로 당신을 찾아오는 사람, 광장까지 당신을 동행하는 사람, 당신이 가는 곳이면 어디든 당신을 따르는 사람입니다.

35

✕

As for the first type, they are the least reliable since many will make domestic calls on more than one candidate. Nonetheless, make it clear to them that you are pleased to have them drop by. Mention your gratitude for their visit whenever you see them and tell their friends that you noticed their presence as well, for the friends will repeat your words to them. Even if they visit several candidates, you can win them to your side as solid supporters by taking special notice of them. If you hear or suspect that one of your callers is not as firm in his support for you as he might appear, pretend this isn't the case. If he tries to explain that the charges are untrue, assure him that you have never doubted his loyalty

여러 후보에게
기웃거리는 사람

첫 번째 유형은 추종자 가운데 가장 의지하기 어려운 사람입니다. 다른 후보의 집에도 찾아갈 사람이기 때문입니다. 그렇지만 이들에게 찾아줘서 기쁘다는 감정을 분명하게 표현해야 합니다. 그들을 볼 때마다 감사 인사를 하고 친구들에게도 그들이 방문해줘서 기쁘다고 말하십시오. 당신의 말은 친구를 통해 그들에게 다시 한번 전달될 겁니다. 여러 후보에게 기웃거리는 사람일지라도 각별히 정중하게 대한다면, 당신의 지지자로 끌어들일 수 있습니다. 겉으로 하는 말과 달리 당신을 지지하지 않는다는 말이 돌거나 그런 의심이 들더라도 그럴 리 없다는 듯 행동하십시오. 만약 그가 자신을 향한 의심이 사실이 아니라고 해명한다면, 당신은 그의 충성심을 의심한 적이 없으며 앞으로도 그럴 것이라고 그에게 확신을 심어주십시오. 자신이 신뢰받고 있다고 믿으면 그 사람은 실제로 당신의

and certainly won't in the future. By making him believe you trust him as a friend, you increase the chances that he really will be. Still, don't be foolish and accept every profession of goodwill you hear.

진정한 친구가 될 가능성이 높아집니다. 그럼에도 불구하고 사람들이 보이는 모든 호의를 있는 그대로 받아들이는 우를 범해서는 안 됩니다.

36

✕

For those who accompany you to the Forum, let them know that you appreciate this even more than their coming to your house each morning. Try to go there at the same time each day so that you can have a large crowd following you. This will impress everyone greatly.

광장으로 향하는 모습

광장(유세장)까지 당신을 동행하는 사람들에게는, 매일 아침 집에 와주는 것도 고마운데 광장까지 함께해주니 더할 나위 없이 고맙다고 말하십시오. 광장에는 매일 같은 시간에 가야 합니다. 그래야 당신을 따르는 무리의 규모가 커질 수 있습니다. 많은 사람이 당신을 따라 광장으로 향하는 모습은 모든 이에게 강한 인상을 남길 것입니다.

37

✕

For the rest who accompany you throughout the day, make sure those who come of their own free will know how grateful you are for their company. For those who follow you because of obligation, insist that they come every day unless they are too old or are engaged in important business. If they can't make it, have them send a relative to take their place. It is vital that you have a crowd of devoted followers with you at all times.

자의로 따르는 사람

하루 종일 당신을 따르는 사람에는 두 부류가 있습니다. 자진해서 당신과 함께하는 사람들에게는 당신이 그들의 동행에 얼마나 고마워하는지 확실히 표현해야 합니다. 의무감에 당신을 따르는 사람들에게는 그들이 나이가 너무 많거나 중요한 업무로 바쁜 것이 아니라면 매일 거르지 말고 오라고 요구하십시오. 못 올 경우에는 대신할 사람이라도 보내 반드시 자리를 지키라고 하십시오. 당신에게 헌신하는 추종자 무리가 언제나 당신을 따르고 있다는 사실이 무엇보다 중요하니 잊지 마시기 바랍니다.

38

✕

Part of this group under obligation to you are those you have successfully defended in lawsuits. These men owe to you the preservation of their property, reputations, and in some cases their lives, so don't be timid about demanding they stand beside you. There won't be another opportunity like this, so they should certainly repay their debt to you with their presence.

당신에게 빚진 사람에게
보답을 요구하라

당신에게 의무감을 느끼는 부류에는 당신의 변론 덕분에 재판에서 승소한 사람들도 있을 겁니다. 이들은 당신이 아니었다면 재산과 명성, 때로는 목숨을 보존할 수 없었을 사람입니다. 그러니 당신 옆에 서서 따르라고 그들에게 당당히 요구하십시오. 신세를 갚기에 이보다 좋은 기회가 없으니 반드시 당신과 동행하며 존재감을 드러냄으로써 보답해야 한다고 말하십시오.

39

Since I have been writing so much on the subject of friendship, I think now is the time to sound a note of caution. Politics is full of deceit, treachery, and betrayal. I'm not going to begin a long-winded discussion of how to separate true friends from false, but I do want to give you some simple advice. Your good nature has in the past led some men to feign friendship while they were in fact jealous of you, so remember the wise words of Epicharmus: "Don't trust people too easily."

속임수와 변절 배신이
난무하는 곳

저는 우정를 주제로 많은 글을 써왔기 때문에 지금이야말로 경고의 말씀을 드릴 순간이라고 생각합니다. 정치판은 속임수와 변절, 배신이 난무하는 곳입니다. 진짜 친구와 가짜 친구를 구분하는 법에 대해 장광설을 늘어놓으려는 것이 아닙니다. 그저 단순한 조언을 드리고 싶을 뿐입니다. 과거, 당신의 천성이 어질다보니 당신을 시기하면서도 친구인 척 가장하며 접근하는 사람들도 있었습니다. 그러니 에피카르무스의 잠언을 항상 기억하십시오.

"사람을 너무 쉽게 믿지 말라."

40

✕

Once you have figured out who your true friends are, give some thought to your enemies as well. There are three kinds of people who will stand against you: those you have harmed, those who dislike you for no good reason, and those who are close friends of your opponents. For those you have harmed by standing up for a friend against them, be gracious and apologetic, reminding them you were only defending someone you had strong ties to and that you would do the same for them if they were your friend. For those who don't like you without good cause, try to win them over by being kind to them or doing them a favor or by showing concern for them. As for the last group who are friends of your rivals, you can use the same techniques, proving your benevolence even to those who are your enemies.

상대 후보의 지지자를
대하는 법

누가 당신의 진정한 친구인지 가늠해보았으니, 이제 당신의 적에 대해 숙고해볼 차례입니다. 당신에게 맞설 사람들은 세 가지로 유형화할 수 있습니다. 당신에게 피해를 입은 사람, 별다른 이유 없이 당신을 싫어하는 사람, 당신의 경쟁자와 가까운 친구. 만약 당신의 친구를 변호하다가 피해를 준 경우라면 정중하게 사과하십시오. 그런 다음 친구를 변호하다 생긴 일이었으며 당신이 친구가 되어준다면, 그들을 위해서도 똑같은 일을 할 것이라고 일깨워주십시오. 수긍할 만한 이유 없이 당신을 싫어하는 사람에게는 친절과 호의를 베풀어서, 혹은 그들에게 신경을 써주면서 그들의 마음을 얻도록 노력해야 합니다. 경쟁 후보의 친구에게도 두 번째 유형의 사람들에게 하는 것과 마찬가지로 대하면 됩니다. 비록 적이지만 친절을 베푸십시오.

41

✕

I have said enough about developing political friendships, so now I would like to focus on impressing the voters at large. This is done by knowing who people are, being personable and generous, promoting yourself, being available, and never giving up.

인간적이고 관대한 모습

　정치적인 친분을 쌓는 법에 대해 충분히 이야기한 것 같으니 이제부터는 유권자 일반에게 좋은 인상을 남기는 방법에 초점을 맞추어 살펴보겠습니다. 유권자에게 감동을 주기 위해서는 그들을 알아봐주고, 인간적이고 관대한 모습을 보여야 합니다. 또 시간을 내서 유권자를 만나고 자신을 알려 나가며 사람들의 마음을 얻기 위한 노력을 결코 포기하지 말아야 합니다.

42

✕

First, nothing impresses an average voter more than having a candidate remember him, so work every day to recall names and faces. Now, my brother, you have many wonderful qualities, but those you lack you must acquire and it must appear as if you were born with them. You have excellent manners and are always courteous, but you can be rather stiff at times. You desperately need to learn the art of flattery—a disgraceful thing in normal life but essential when you are running for office. If you use flattery to corrupt a man there is no excuse for it, but if you apply ingratiation as a way to make political friends, it is acceptable. For a candidate must be a chameleon, adapting to each person he meets, changing his expression and speech as necessary.

선거에서 이기는 법

아첨을 부끄러워 말라

첫째, 평범한 유권자는 자신의 이름을 기억해주는 후보에게 무엇보다 크게 감동합니다. 따라서 유권자의 이름과 얼굴을 기억하기 위해 매일 노력하십시오.

형제여, 당신은 훌륭한 자질을 가지고 있습니다. 하지만 이제부터는 당신에게 없는 자질도 갖추어야 합니다. 마치 원래부터 그런 사람이었던 것처럼 보여야 합니다. 항상 공손하고 예의 발라야 하지만 때로는 단호해야 합니다. 필사적으로 아첨하는 기술을 배워야 합니다. 평소라면 명예롭지 못한 행동이지만, 공직에 출마한 사람이라면 반드시 필요한 일입니다. 누군가를 매수하기 위해 아첨한다면 비난받아 마땅하지만, 환심을 사 정치적 동지를 만들기 위한 방편이라면 나쁘다고 할 수 없습니다. 후보자는 카멜레온처럼 만나는 사람에게 자신을 맞추고, 필요하다면 표정과 말투를 바꿀 수 있어야 합니다.

43

✕

Don't leave Rome! Being assiduous means to stay put and that is what you must do. There is no time for vacations during a campaign. Be present in the city and in the Forum, speaking constantly with voters, then talking with them again the next day and the next. Never let anyone be able to say that he lacked your earnest and repeated attention during the campaign.

주목받기 위한
주도면밀한 노력

　로마를 벗어나지 마십시오! 자리를 지켜야 정성을 다할
수 있는 법입니다. 로마에 머무는 것이야말로 당신이 반드
시 해야 할 일입니다. 선거운동 기간에 휴식을 취할 시간은
없습니다. 항상 로마에 머물러야 하고, 광장에 나가야 하
고, 유권자와 끊임없이 대화해야 합니다. 오늘만이 아니라
다음날도, 그다음날도 유권자들을 만나 계속 대화를 이어
가야 합니다. 선거운동 동안 모든 유권자가 당신의 진심 어
린 관심을 받고 있다고 거듭 느낄 수 있게 행동하십시오.

44

✕

Generosity is also a requirement of a candidate, even if it doesn't affect most voters directly. People like to hear that you are good to your friends at events such as banquets, so make sure that you and your allies celebrate these frequently for the leaders of each tribe. Another way to show you are generous is to be available day and night to those who need you. Keep the doors of your house open, of course, but also open your face and expression, for these are the window to the soul. If you look closed and distracted when people talk with you, it won't matter that your front gates are never locked. People not only want commitments from a candidate but they want them delivered in an engaged and generous manner.

항상 밝은 표정을 유지하라

또한 후보자는 관대해야 합니다. 유권자에게 직접적인 영향을 미치지 않더라도 말입니다. 사람들은 당신이 친구들에게 연회를 베풀어주는 너그러운 사람이라는 소리를 듣고 싶어합니다. 그러니 측근과 각 부족의 지도자들에게 자주 연회를 베풀어주십시오. 너그러움을 보여줄 수 있는 또 다른 방법은 밤이고 낮이고 당신을 필요로 하는 사람을 만나주는 것입니다. 대문을 열어두는 것은 말할 필요도 없고 항상 밝은 표정을 유지해야 합니다. 얼굴은 마음의 창이기 때문입니다. 이야기를 들으면서 부정적이거나 산만한 태도를 보인다면 대문을 열어둔들 무슨 의미가 있겠습니까. 사람들은 약속을 잘하는 후보 못지않게 열린 자세로 자신의 이야기에 귀 기울이는 후보를 원하는 법입니다.

45

✕

Thus whatever you do you must do freely and with enthusiasm. But sometimes you must do something more difficult, especially for a man of your good nature, and that is to say no graciously when someone asks you to do something for him. The other option is to always say yes—a path often taken by political candidates. But when someone asks you to do something impossible, such as taking sides against a friend, you must, of course, refuse as a matter of honor, explaining your commitment to your friend, expressing your regret at turning down the request, and promising that you will make it up to him in other ways.

거절하는 법을 익혀라

무슨 일을 하든지 대가를 바라지 않고 열심히 해야 합니다. 특히 당신처럼 착한 성품을 지닌 사람이 하기 쉽지 않은 일도 가끔은 해야 합니다. 누군가 당신에게 자신을 위해 무언가를 해달고 부탁할 때 정중하게 "노우"라고 말해야 되는 경우도 있을 겁니다. 물론 정치 후보들이 자주 취하는 방식대로 항상 "예스"라고 할 수도 있습니다. 그러나 누군가가 불가능한 일, 예컨대 당신 친구 반대편에 서달라고 요청한다면, 신의의 문제니 당연히 거절해야 합니다. 대신 당신이 친구에게 헌신적인 사람이라는 점을 설명하고, 요청을 거절하는 것에 대해 유감의 뜻을 표한 다음 부탁을 들어줄 수 있는 다른 방법을 찾아보겠다고 말씀하십시오.

46

✕

But saying no is only for such extreme cases. I once heard about a man who asked several lawyers to take his case, but was more pleased by the kind words of the one who refused him than those who agreed to represent him. This shows that people are moved more by appearances than reality, though I realize this course is difficult for someone like you who is a follower of the philosopher Plato. Still, I am telling you what you need to hear as a candidate for public office. If you refuse a man by making up some tale about a personal commitment to a friend, he can walk away without being angry at you. But if you say you're just too busy or have more important things to do, he will hate you. People would prefer you give them a gracious lie than an outright refusal.

사람들은 우아한 거짓말을 듣고 싶어한다

아주 예외적인 경우에만 "노우"라고 말해야 합니다. 여러 변호사를 찾아다니며 자신의 소송을 맡아달라고 부탁하는 남자의 이야기를 들은 적이 있습니다. 그런데 그를 정작 기쁘게 한 건 그를 대변해주겠다고 나선 사람이 아니라 소송을 거절한 사람이 건넨 친절한 말 한마디였습니다. 이 이야기는 사람들의 마음을 움직이는 것이 내용보다는 형식임을 보여줍니다. 아마도 플라톤을 신봉하는 당신에게는 이해하기 힘든 이야기일지 모릅니다. 하지만 공직에 출마하는 후보자라면 반드시 귀담아들어야 합니다. 만약 당신이 친구와의 의리 때문에 거절할 수밖에 없다고 둘러대면, 적어도 상대는 화를 내지는 않을 겁니다. 하지만 만약 당신이 너무 바쁘다거나 더 중요한 일을 해야 한다면서 거절하면, 그는 당신을 증오하게 될 겁니다. 사람들은 솔직한 거절보다 우아한 거짓말을 듣고 싶어하니까요.

47

✕

Remember Cotta, that master of campaigning, who said that he would promise everything to anyone, unless some clear obligation prevented him, but only lived up to those promises that benefited him. He seldom refused anyone, for he said that often a person he made a promise to would end up not needing him or that he himself would have more time available than he thought he would to help. After all, if a politician made only promises he was sure he could keep, he wouldn't have many friends. Events are always happening that you didn't expect or not happening that you did expect. Broken promises are often lost in a cloud of changing circumstances so that anger against you will be minimal.

거절할 바에는
지키지 못할 약속을 하라

선거운동의 대가인 코타를 기억하십시오. 그는 피치 못할 사정이 생기지 않는 한 누가 어떤 부탁을 하든 들어주겠다고 약속하지만 자신에게 이로운 부탁만 골라 실행에 옮긴 인물입니다. 그는 좀처럼 부탁을 거절하는 일이 없었습니다. 코타는 애초에 요청했던 도움이 필요 없어지는 경우도 종종 있을 뿐만 아니라 당장은 아니더라도 나중에 도울 여력이 생길 수도 있기 때문이라고 설명했습니다. 어쨌든 확실히 지킬 수 있는 약속만 하는 정치인에게는 친구가 많지 않을 겁니다. 항상 예기치 못한 일들이 일어나고 기대는 언제나 깨지기 마련입니다. 구름이 흘러가듯 상황은 수시로 변하기 때문에 지키지 못한 약속은 대부분 잊히고 당신에 대한 분노도 희미해질 것입니다.

48

✕

If you break a promise, the outcome is uncertain and the number of people affected is small. But if you refuse to make a promise, the result is certain and produces immediate anger in a larger number of voters. Most of those who ask for your help will never actually need it. Thus it is better to have a few people in the Forum disappointed when you let them down than have a mob outside your home when you refuse to promise them what they want. People will by nature be much angrier with a man who has turned them down outright than with someone who has backed out of his obligation claiming that he would love to help them if only he could.

거절을 참지 못하는
인간의 본성

약속을 깬 결과는 불확실하고 그것으로 상처 입는 사람도 적습니다. 하지만 약속 자체를 거절할 경우 결과는 확실하고 더 많은 유권자들에게 즉각적인 분노를 일으킵니다. 실제로 도움이 절실해서 도움을 요청하는 사람은 거의 없습니다. 그러므로 도움을 거절했다고 떼로 몰려와 항의하는 다수를 상대하는 것보다 약속을 못 지켰다고 실망한 소수를 광장에서 상대하는 편이 훨씬 낫습니다. 인간 본성에 비추어볼 때, 사람들은 약속을 못 지킬지언정 가능하면 돕고 싶다고 말하는 후보자에게 화를 내지 않습니다. 반면 직설적으로 도움을 거절하는 후보자를 향해서는 크게 화를 낼 겁니다.

49

✕

Don't think I've strayed from my topic in discussing promises under the heading of winning over the masses since it concerns your reputation among the broader electorate just as much as it does the support of friends. The latter group requires kindly responses and zealous service from you when it is in need, but now I am talking about the general public. You need to win these voters to your side so that you can fill your house with supporters every morning, hold them to you by promises of your protection, and send them away more enthusiastic about your cause than when they came so that more and more people hear good things about you.

사람들이 당신의 장점을
이야기하게 하라

약속에 대한 언급을 하느라 대중의 마음을 얻는 법에 관한 주제에서 샛길로 빠졌다고는 생각지 마십시오. 선거에서는 친구들의 지지도 중요하지만 보다 광범위한 유권자들의 평판을 관리하는 것도 중요한 문제입니다. 어려움에 처했을 때, 친구들은 당신에게 열과 성을 다해 자신들을 위해 수고해주길 요구합니다. 하지만 저는 지금 일반 대중에 대해 이야기하는 중입니다. 당신은 그런 요구를 하지 않는 일반 대중을 당신 편으로 만들어야 합니다. 항상 보호해주겠다는 약속을 통해 그들을 당신에게 붙들어두십시오. 그래야 매일 아침 당신 집을 지지자들로 채울 수 있습니다. 당신 집에 들어왔을 때보다 떠날 때 당신의 대의에 더 열광하게 만드십시오. 그렇게 하면 당신의 장점에 대해 말하는 사람이 점점 더 많아질 겁니다.

50

✕

You must always think about publicity. I've been
talking about this throughout my whole letter, but
it is vital that you use all of your assets to spread the
word about your campaign to the widest possible
audience. Your ability as a public speaker is key, as
is the support of the business community and those
who carry out public contracts. Need I mention
again the backing of the nobility, the brightest young
people, those you have defended in court, and the
leaders of the Italian towns? Having these groups
behind you will cause the populace to think you are
well connected, have many important friends, are a
hardworking candidate, and that you are a gracious
and generous person. This will fill your house with

모든 것을 동원해
당신의 소식을 전하라

항상 홍보를 염두에 두어야 합니다. 제가 편지 전반에 걸쳐 하고 있는 이야기가 바로 이것입니다. 당신의 선거운동 소식이 최대한 많은 유권자에게 전달될 수 있도록 당신이 가진 모든 자산을 동원하는 것이 관건입니다. 재계 인사와 공직을 수행하는 사람의 지지도 중요하지만 대중 연설가로서의 능력이 무엇보다 중요합니다. 귀족 계급, 영민한 젊은이, 당신이 법정에서 변호했던 사람들, 로마 자치령 지도자들의 지지가 필요하다는 말을 다시 할 필요는 없겠지요? 이들의 지지를 얻는다면, 대중은 당신이 연줄도 튼튼하고 중요한 사람들을 친구로 두고 있으며 근면 성실한 후보인데다가 품위 있고 너그러운 사람이라고 생각할 것입니다. 이렇게 생각하는 대중이 많아질수록 당신의 집은 날이 밝기도 전에 다양한 지지자들로 넘쳐날 것입니다. 모든 유권자의 표를 얻기 위해 부단히 노력하는 만큼 그들을

supporters of every kind before sunrise. To these you should say whatever is necessary to please them as you labor endlessly to win the votes of all. Work hard to do this and you will personally win over many of the common people rather than just have them hear good things about you from friends.

기쁘게 하는 데 필요하다면 무슨 말이든 해주십시오. 이런 식으로 열심히 하다보면 당신의 좋은 점들이 친구들을 통해 퍼져나가 그저 건너들을 때보다 더 많은 대중의 마음을 움직이게 될 겁니다.

51

✕

You already have the support of the Roman crowd and those who influence them by your praise of Pompey and defense of his men, Manilius and Cornelius. You must now do what no one has done before and add to your popular base the support of the nobility. But never stop reminding the common people that you have won the goodwill of their hero Pompey and that for you to be consul would please him greatly.

당신의 당선을
기뻐할 사람

당신은 폼페이우스를 칭송해왔고 그의 측근 마닐리우스와 코르넬리우스의 변론을 맡은 적도 있습니다. 덕분에 당신은 이미 로마 대중의 지지를 한 몸에 받고 있습니다. 지금 당신은 누구도 한 적 없는 일에 도전하고 있습니다. 따라서 대중이라는 지지 기반에 더해 귀족 계급의 지지도 이끌어내야 합니다. 그러나 당신이 대중들의 영웅 폼페이우스의 총애를 받고 있으며, 당신의 집정관 당선이 그를 대단히 기쁘게 할 것이라는 사실을 대중들에게 끊임없이 각인시켜주십시오.

52

✕

Finally, as regards the Roman masses, be sure to put on a good show. Dignified, yes, but full of the color and spectacle that appeals so much to crowds. It also wouldn't hurt to remind them of what scoundrels your opponents are and to smear these men at every opportunity with the crimes, sexual scandals, and corruption they have brought on themselves.

상대 후보의 약점

끝으로 로마 대중 앞에서는 반드시 멋진 모습을 보여야 합니다. 당연히 위엄이 있어야 하며, 화려한 색채와 볼거리를 가미해 군중의 마음을 움직여야 합니다. 한 걸음 더 나아가 사람들에게 당신의 경쟁자들이 얼마나 불한당 같은 인간인지 일러준다고 해서 해가 되지는 않을 겁니다. 그러니 그들이 자초했던 범죄와 성추문, 부정부패를 기회가 될 때마다 무기로 활용해 그들을 압도해야 합니다.

53

✕

The most important part of your campaign is to bring hope to people and a feeling of goodwill toward you. On the other hand, you should not make specific pledges either to the Senate or the people. Stick to vague generalities. Tell the Senate you will maintain its traditional power and privileges. Let the business community and wealthy citizens know that you are for stability and peace. Assure the common people that you have always been on their side, both in your speeches and in your defense of their interests in court.

애매한 일반론을 고수하라

당신의 선거운동에서 가장 중요한 부분은 사람들에게 희망을 주고 당신에 대한 호감을 심어주는 겁니다. 하지만 원로원을 향해서든, 일반 대중을 향해서든 명확하고 구체적인 약속을 해서는 안 됩니다. 애매한 일반론을 고수하십시오. 원로원에서는 원로원의 전통적인 권력과 특권을 보호할 것이라고 말하십시오. 경제계 인사와 부유한 시민에게는 당신이 안정과 평화를 유지하는 데 적합한 사람이라는 것을 보여주십시오. 대중들에게는 당신이 지금까지 해온 숱한 연설과 법정 변론이 보여주듯, 항상 그들 편에 서 왔음을 확인해주십시오.

54

✕

All these things have occurred to me regarding the first two of the morning meditations I suggested as you go down to the Forum: "I am an outsider. I want to be a consul." Now let me turn briefly to the third: "This is Rome." Our city is a cesspool of humanity, a place of deceit, plots, and vice of every imaginable kind. Anywhere you turn you will see arrogance, stubbornness, malevolence, pride, and hatred. Amid such a swirl of evil, it takes a remarkable man with sound judgment and great skill to avoid stumbling, gossip, and betrayal. How many men could maintain their integrity while adapting themselves to various ways of behaving, speaking, and feeling?

악의 소굴,
로마에 필요한 인물

지금까지는 유세에 나서기 전 명상하듯 자신에게 되뇌이라고 제안했던 세 가지 중 두 가지, "나는 주변인이다. 나는 집정관이 되고 싶다"에 대해 썼습니다. 지금부터는 세 번째이자 마지막으로 명심할 사항을 간략히 말씀드리겠습니다. "여기는 로마다"가 그것입니다. 우리의 도시, 로마는 인간쓰레기들의 소굴이자 속임수와 음모가 난무하는 장소이며 상상할 수 있는 온갖 악행이 벌어지는 곳입니다. 눈을 돌릴 때마다 오만과 고집, 악의, 교만, 증오와 마주칠 것입니다. 이러한 악의 소용돌이 속에서 발목잡기나 험담, 배신을 피하려면, 로마는 견실한 판단력과 뛰어난 자질을 가진 뛰어난 인물을 뽑아야 합니다. 하지만 가지각색의 말과 행동, 감정이 끊임없이 변하는 이곳 로마에서 자기 본연의 모습을 지킬 수 있는 사람이 몇이나 되겠습니까?

55

✕

In such a chaotic world, you must stick to the path you have chosen. It is your unmatched skill as a speaker that draws the Roman people to you and keeps them on your side. It may well be that your opponents will try to use bribery to win your supporters from you, for this can often work. But let them know you will be watching their actions most carefully and you will haul them into court. They will be afraid of your attention and oratory, as well as the influence your have with the business community.

경쟁 후보를
예의주시하라

이처럼 혼란한 세계에서 당신은 당신이 선택한 길을 고수해야 합니다. 타의추종을 불허하는 당신의 뛰어난 연설 능력이야말로 로마인들을 당신 편으로 끌어들여 지지하게 할 수 있는 자산입니다. 경쟁 후보자들이 뇌물을 써서 당신의 지지자들을 빼가려는 것은 너무나 당연한 일입니다. 뇌물은 때때로 매우 효과적이기 때문입니다. 그러나 당신이 그들의 행동을 예의주시하고 있으며 문제가 발생하면 법정으로 끌고 갈 것임을 경고하십시오. 그들은 당신이 경제계 인사들에게 행사하고 있는 영향력만큼이나 당신의 감시와 웅변술도 두려워할 겁니다.

56

✕

You don't have to actually bring your opponents to trial on corruption charges, just let them know you are willing to do so. Fear works even better than actual litigation. And don't be discouraged by all this talk of bribery. I am certain that even in the most corrupt elections that there are plenty of voters who support the candidates they believe in without money changing hands.

두려움이
소송보다 효과적

실제로 당신의 경쟁 후보들을 뇌물죄로 법정에 세울 필요는 없습니다. 그저 당신이 그렇게 할 수도 있다는 것만 알려주어도 충분합니다. 두려움이 실제 소송보다 훨씬 더 효과적일 수 있습니다. 뇌물수수를 둘러싼 온갖 이야기들에 낙담하지 마십시오. 확신컨대, 선거가 아무리 혼탁하고 부패해도 여전히 대다수의 유권자들은 뒷돈을 건네지 않는 청렴한 후보를 알아보고 지지합니다.

57

✕

Thus if you are alert as this campaign demands, if you inspire your supporters, if you choose the right men to work with you, if you threaten your opponents with criminal charges, create fear among their agents, and restrain those who hand out their money, you can overcome bribery or at least minimize its effects.

금권선거를
무력화하려면

　따라서 선거운동 기간 내내 빈틈없이 경계한다면, 지지
자들을 지속적으로 격려한다면, 당신에게 어울리는 사람
들을 골라서 함께한다면, 경쟁 후보들에게 범죄 행위가 있
을 경우 고소와 고발로 이어질 것이라는 위협감을 주고 이
것이 운동원들 사이에 두려움으로 작용해 돈 봉투를 건네
려던 손을 거두게 한다면, 이 문제를 해결할 수 있거나 적
어도 그 효과를 최소화할 수 있습니다.

58

That is all I have to say, my brother. It is not that I know more about politics and elections than you, but I realize how busy you are and I thought I could more easily set out these simple rules in writing. Of course, I would never say that these precepts apply to everyone seeking political office—they are meant just for you—but I would appreciate it if you have any additions or suggestions just in case, for I want this little handbook on elections to be complete.

승리하기 위한
단순한 원칙들

　형제여, 제가 할 이야기는 여기까지입니다. 이 글을 쓰는 이유는 제가 당신보다 정치나 선거를 잘 알아서가 아니라 당신이 얼마나 바쁜지 알기에 이 단순한 원칙들을 글로 정리하는 것은 제가 더 쉬울 거라 생각했기 때문입니다. 이 지침들은 정확히 당신을 염두에 두고 쓴 것입니다. 따라서 공직에 출마하려는 모든 이에게 적용된다고 감히 말하지는 않겠습니다. 하지만 혹시라도 추가로 덧붙이거나 조언이 필요한 부분이 있다면 말씀해주십시오. 작은 선거 안내서지만 작은 결함도 없기를 바라는 마음이니 그렇게 해주시면 감사하겠습니다.

기원전 64년 로마의 선거 결과

✕

✕

✕

마르쿠스 키케로는 압도적인 표차로 다른 후보들을 물리치고 집정관 선거에서 승리했다. 안토니우스는 카틸리나를 근소한 차로 누르고 제2집정관 자리를 차지했다. 카틸리나는 다음 해에도 출마했지만 또다시 낙마했다. 그러자 공화정을 무력으로 전복하기 위해 군대를 일으키려는 음모를 세웠다. 당시 집정관이었던 키케로는 음모를 알아채고 원로원을 설득해 카틸리나에 대한 전쟁을 선포했다. 카틸리나는 전투 중 사망했다. 카틸리나의 반란을 제압한 공을 인정받아 키케로는 이후 '국부Pater Patriae'로 불린다. 키케로는 스스로 이 '국부'라는 칭호를 자랑스러워했다고 전해진다. 이후 키케로는 남은 생을 독재자의 등장에 맞서 원로원의 권력을 수호하는 데 바쳤다.

퀸투스는 형이 집정관으로 당선되고 2년 후 법무관으로 선출되었다. 이후 3년간 아시아 속주에서 총독으로 재직할 당시에는 로마에 있던 마르쿠스로부터 공화정과 정치에 관한 장문의 편지를 받기도 했다. 훗날 갈리아 정복 전쟁에서 퀸투스는 율리우스 카이사르 휘하에 들어가서 용감하고 유능한 부관 노릇을 하기도 했다. 그러나 내전이 터지자 퀸투스는 카이사르에게 등을 돌리고 폼페이우스 편에 섰다. 하지만 전쟁에서 승리한 카이사르는 그를 너그럽게 용서했다. 그러나 카이사르를 암살하고 권력을 장악한 안토니우스와 옥타비아누스는 그렇지 않았다. 마르쿠스와 퀸투스 형제는 공화정이 무너지고 로마제국이 들어선 그날 살해되었다.

배우자에게 역할을 부여해라

가족 중 최소 배우자에겐 동의를 받고 출마를 해야 향후 선거에서 도움을 받을 수 있다. 처음 출마하는 선거구라면 초반에 배우자가 함께 지역 행사 및 출·퇴근 인사에 참여하는 것이 좋다. 경쟁 후보 또는 호사가들로부터 만들어질 가족 관련 루머를 막을 수 있고 화목한 가정의 이미지를 줄 수 있다. 공개 석상에서 보여준 배우자의 언변, 태도 등을 통해 그에게 어떤 역할을 맡길지도 판단해야 한다. 호감을 주는 외모나 적극적인 성격이라면 유권자와 대면 기회를 넓히는 게 좋다. 목욕탕 등 배우자만이 가능한 공략 포인트를 잡는 것도 필요하다.

자녀에게 아이디어를 강요하지 마라

자녀들이 선거운동에 함께 참여하는 것이 보편화됐다. 김부겸·박광온·유승민 국회의원처럼 자녀들의 선거운동·SNS 활동이 화제가 돼 득표에 도움을 준 사례가 있지만 '대박' 사례는 적은데 이를 근거로 자녀에게 젊은 층을 공략할 새로운 전략을 제시하라고 강요하면 안 된다. 특히 평소에 부모와 자녀 간 소통이 부족했다면 선거운동 참여를 부탁할지 여부부터 고민해야 한다. 자녀의 잘못된 언행이 선거 흐름을 뒤바꾼 사례는 많기 때문. 언론에 나오지 않더라도 후보자 자녀를 지켜보는 눈은 많다.

고액 후원자 규모를 파악해라

인지도나 당선 가능성이 아무리 높아도 '10만 원 후원금', 이른바 소액 후원만으로 선거비용을 마련하기는 어렵다. 선거 조직을 구성하기 전 후보자가 조달 가능한 예산을 파악하는 게 중요하다. 본인이 가용할 수 있는 자금 외에도 정치 입문 전 학교·사회생활 등에서 관계를 맺은 사람 중 당선 여부 또는 향후 본인이 얻게 될 이익 등에 대한 고려 없이 후보자를 위해 연 500만 원 후원금(연 1인 최대 한도)을 낼 수 있는 사람이 몇 명인지 파악해야 한다. 이들은 후보자가 정치를 하는 동안 꾸준히 같은 금액을 후원할 가능성이 높다. 또 친분이 깊고 향후 의정활동으로 도움을 줄 수 있는 사람에게도 적극적으로 고액 후원을 부탁해야 한다.

인지도를 높여 10만 원 후원금을 모아라

언론, SNS 등을 적극 활용해 인지도를 높여야 불특정 다수로부터 소액 후원금을 많이 모금할 수 있다. 고액 후원이 어려운 지인도 대상이다. 후원을 요청할 때 '세액공제'를 통해 환급받을 수 있음을 설명해서 금전 부담이 없다는 점도 상기시켜야 한다.

선거캠프 실무 책임자는 측근에게 맡겨라

자칭 선거 전문가부터 '내 뒤에 1,000표가 있다'는 소위 선거 브로커까지 다양한 사람들이 후보자를 돕겠다고 찾아온다. 공약을 빙자한 각종 민원들도 쏟아진다. 후보자와 안면도 없지만 거액의 후원금을 내겠다는 사람도 나타난다. 캠프를 구성하고 적절한 공약 및 슬로건을 만들고 검은 돈을 차단하는 실무 책임자(컨트롤 타워)는 본인이 가장 믿는 사람에게 맡겨야 한다. 선서 성엄도 풍부하면 더 좋다. 책임자가 누군지 캠프 구성원 모두 인식할 수 있도록 공개석상에서 직접 힘을 실어줘야 한다. 그래야 후보자와 직접 소통하며 캠프 내 혼선을 정리할 수 있다. 실무 조직은 최소화해야 한다.

지역구 마당발을 꼭 영입하라

지역 사정에 밝고 당선 후 지역 사무실 보좌관, 또는 비서관으로 근무할 사람을 영입해야 한다. 가능하면 지역 내 평판이 좋으면서 여러 단체들의 임원급 이상을 다수 알고 있는 사람이면 좋다.

선대위원장과 후원회장은 명망가를 모셔라

총선에서 선거대책위원장 임명은 지역구 내 지지 기반을 확충하는 과정으로 삼아야 한다. 대선캠프처럼 선대위원장의 권한이 크지 않은 경우가 대부분이기 때문에 공동 선대위원장 체제로 가는 것도 좋다. 향우회나 노인회, 직능단체 지부 등에서 영향력이 있는 사람들로 구성해 해당 단체의 지지를 이끌어내는 역할을 맡겨야 한다. 경선에서 다른 후보를 지지한 전·현직 기초단체장·광역의원·기초의원도 캠프 참여를 설득해야 한다. 후원회장은 가급적 전국적인 인지도가 있는 인물을 선택한다. 소속 당에서 인기가 높거나 존경받는 정치인도 좋다.

'부副'가 붙는 직책을 적절히 활용하라

지역에서 활동하는 당원이 선거를 적극 돕겠다고 하면 선거대책위원회 직책 부여를 검토할 필요가 있다. 선대위 부위원장, 부실장 등 실권은 거의 없지만 대외적으로 캠프에서 중요 역할을 맡고 있다는 인상을 줄 수 있는 자리를 주면 좋다. 여러 후보를 기웃거리는 사람은 내 편으로 끌어들일 수 없다면 악의적 소문을 퍼뜨리고 다니지 못하도록 묶어두어야 한다.

공평한 조건은 시간뿐이다

모든 후보자에게 동일한 조건은 선거운동을 할 수 있는 시간뿐이다. 지역·계층 공략의 우선순위를 설정해 제한된 시간을 효율적으로 사용해야 한다. 지역과 계층별 맞춤형 공약도 준비해야 한다. 오바마 전 미국 대통령이 2008년 대선에 도입했던 '마이크로 타깃팅'이 필요하다.

전통 지지단체 행사는 후보자가 챙겨라

민주당 계열 정당 후보자에겐 호남향우회처럼 전통 지지단체와의 관계 맺음이 매우 중요하다. 경선 경쟁을 펼치는 후보들 중에서 전통 지지층의 표를 누가 더 많이 확보하느냐가 공천을 받는 데 상당한 영향을 미치기 때문이다. 이런 단체 행사는 후보자가 참석하고, 어렵다면 배우자가 참석하는 게 좋다. 참모를 자주 보낼 경우, 부정적인 평가가 지지층 사이에서 퍼질 수 있다.

상대 정당 지지단체에도 공을 들여라

상당한 조직 규모를 갖춘 상대 정당 지지단체도 포기

해서는 안 된다. 모든 행사 참석이 어렵다면 참모라도 꾸준히 참석시켜 신경을 쓰고 있음을 보여줘야 한다. 초반에 축사 기회를 주지 않더라도 불쾌함을 내색하지 말고 자주 방문해야 한다. 꾸준하게 문을 두드리면 해당 단체 명의로 지지를 받긴 어렵겠지만 그중 일부는 지지자로 만들 수 있다.

동네 언론을 소홀히 하지 마라

공중파나 종편, 중앙 일간지 등에서 정치 신인에게 인터뷰 기회를 줄 가능성은 낮다. 유력 지방언론도 마찬가지다. 대신 각 지역구별로 존재하는 소규모 언론사를 적극 활용해야 한다. 요즘엔 기사가 인터넷에 노출되기 때문에 동네 언론사와의 관계가 더 중요해졌다. 동네 언론사 기자들은 지역 유지 및 주요 단체 인사들과 친분이 있는 경우가 많다. 이 기자들이 전하는 후보 관련 평가가 지역 내 여론 형성에 상당한 힘을 발휘한다.

"알아보고 연락드리겠습니다"

지역 유세 중 악수만 하고 지나가는 사람이 있는 반면, 길게 이야기하길 원하는 유권자가 있다. 지역 사무실로 찾아오는 사람도 있다. 이 중에는 장기간 미해결 상태인 개인 민원이나 지역 현안을 호소하는 경우가 많다. 해결할 수 없는 사건들이 상당수다. 이럴 땐 유권자의 연락처를 받고 "알아보고 결과를 연락드리겠습니다"라고 말하는 게 좋다. 수행비서는 이런 민원들을 매일매일 정리한 뒤 캠프 내부에서 공유한다. 캠프의 민원 관련 담당자는 사실 관계 및 해결 가능 여부를 파악하고 후보자에게 보고한다. 만약 해결이 어려운 사안이라면 유권자에게 연락해 현 상황을 가감 없이 설명하고 "더 노력해보겠습니다"라고 말하면 된다. 내 이야기를 들어주는 정치인이라는 인식을 준 것으로 충분하다.

이름을 기억하고, 감사 인사를 자주 하자

선거에서 자원봉사자의 역할은 매우 중요하다. 선거 후 특정 자리 등을 염두하며 돕는 사람도 있지만 대가 없이 특정 정당 또는 후보가 좋아서 하는 경우가 대다수다. 이들에겐 후보자가 직접 이름을 기억하고 볼 때마다 감사의 인사를 전하는 게 큰 힘이 된다. 자원봉사자들끼리 모임이 만들어지기도 하는데 선거 이후 종종 참석하면서 관계를 지속하는 것도 좋다.

지역구에선 편한 사람이 되자

행사장에서 만난 지역구민이 원하면 언제든지 즉석에서 노래 한 곡쯤은 할 수 있는 자세가 필요하다. 진지하게 이야기를 듣는 것도 필요하지만 편하게 대화할 수 있는 사람이라는 인식을 주는 것도 중요하다. 한 다선 의원은 지역구에서 입을 저렴한 양복이 여러 벌 있었다고 한다. 행사장을 돌면서 사람들이 잡아당기는 손에 옷이 찢어져도, 막걸리를 나눠 마시다 옷에 묻어도 개의치 않을 수 있기 때문이다.

연설 실력을 키우자

SNS, 유튜브 등으로 후보자의 연설이 공유되는 시대

다. 평범한 연설로는 관심을 끌기 어렵다. 최근 정치권에서는 명연설자를 찾아보기 힘들다. 이럴 때 연설만으로 누군가의 마음을 움직일 수 있다면 큰 무기가 된다. 당선 후 큰 정치인으로 성장하기 위해서도 연설 실력은 필수다.

지역을 발전시킬 큰 인물임을 부각시키자

현수막과 공보물에 내세울 슬로건은 상대 후보와 달리 큰 정치인이 될 재목이라는 내용이 포함돼야 한다. 또 본인이 선택을 받아야 지역을 발전시킬 수 있다는 점도 들어가야 한다. 여당 후보들이 인기 좋은 대통령 사진을 모두 사용하는 이유다. 공약은 지역 발전 방안을 전면에 내세워야 한다. 유권자는 자신의 삶에 직접적인 희망을 주는 사람을 선택하기 때문이다.

선거는 무엇인가

"선거는 국가의 미래 방향에 대한 상이한 대안 중에서 다수 유권자가 바람직하다고 판단하는 하나의 대안을 선택하는 과정이고, 선출된 권력에게 민주적 정통성을 부여해 주는 중요한 행사이다." 강원택 서울대 정치학과 교수가 정의한 선거의 기능이다(출처: 강원택, 안민시론4호, 〈미래 국가전략 마련 공간으로서의 선거〉, 2010. 6.).

정당들은 대선·총선에서 국민의 선택을 더 많이 받기 위해 정책 경쟁을 펼친다. 정반대 성향의 정당이 내놓을 만한 정책도 선제적으로 제시해 기존 지지층 외에 중도층 흡수 효과를 노리는 건 기본 전략이다. '이념 스펙트럼에서 중간에 위치한 투표자들이 원하는 정책이 선거 결과를 결정짓는다'는 중위수 투표 이론이 이를 뒷받침한다.

2012년 대선에서 박근혜 당시 새누리당 후보의 '경제민주화' 공약이 선거 전략상 좋은 평가를 받았던 이유다.

선거에서 승리해 대통령 또는 다수당이 되면 자신들이 제시한 대안(공약)을 추진할 수 있는 권력을 부여받는다. 진보 정부·정당은 진보 정책을, 보수 정부·정당은 보수 정책을 주도적으로 펼칠 기회를 얻는다. 다만 다수가 기대를 걸고 선택한 대통령과 정당의 대안이 집행 과정에서 실패하거나 기대에 못 미치면 국민은 다음 선거에서 다른 정치 세력에게 새로운 권력을 부여한다. 한국도 1987년 민주화 이후 선거를 통해 총 세 차례(1997년, 2007년, 2016년) 정권 교체가 이뤄졌다. 새뮤얼 헌팅턴은 "민주화 이후 두 번의 정권교체를 거치면 민주주의가 공고해진다"고 했다. 이 기준에 따르면 한국에서 선거가 아닌 방식으로 자신이 추구하는 정책을 펼칠 기회, 즉 정권을 잡는 것은 더 이상 불가능해졌다. 정해진 규칙에서 공정한 경쟁을 통해 권력을 잡는 것만이 유일한 방법이다.

국민은 자신이 선택해 승리한 대통령 또는 정당이 본인의 삶을 더 나아지게 해줄 거라는 믿음이 있다. 사회 안

전망을 더 확충시켜줄 것이라는 믿음일 수 있고, 본인이 지키고픈 가치·재산 등을 유지해줄 것이라는 믿음일 수 있다.

하지만 현실에선 '정당은 지지자를 대변하지 않는다'는 주장도 많다. 가난한 사람이 자신의 이익을 대변하지 않는 보수정당에 계속 투표하는 역설에 대해 연구한 논문이나 책을 어렵지 않게 찾을 수 있다. 반면 도널드 트럼프 미국 대통령 당선, 영국 브렉시트 투표 등을 사례로 진보·보수 이분법 구도가 약화됐다는 연구도 최근 활발하다.

이런 분석은 이념·정책 구분이 명확한 미국·유럽의 대의 제도에서만 가능하다는 반론도 있다. 한국 현실과는 다소 거리가 있다는 의견이다. 실제 진보정당 당원 중에는 더불어민주당을 중도보수 정당으로 봐야 한다고 주장하는 이도 있다. 또 더불어민주당과 자유한국당의 전신 정당들 간 이념·정책 차이가 크지 않다는 연구 결과도 있다. 피아 구별이 명확하지 않기 때문에 한국 정당들은 이합집산이 수시로 이뤄진다는 견해도 있다. 또 대다수 한국인은 학력 등 불평등한 사회를 인정한다는 점에서 '대문자' 보수주의Conservative로 봐야 하고, 다만 부의 분배 관점에서 '소문자' 보수주의conservative와 '소문자' 진보주의 progressive로 구별할 수 있다는 주장도 있다.

이런 정치이론과 별개로 다수 국민들은 한국도 정당별 성향이 존재한다고 생각한다. 다만 '좌파·우파', '진보·보수' 개념 구별이 유럽 정치와 비교했을 때 뚜렷하지 않을 뿐이다. 일부 강력한 이념 성향 정당을 제외한 대다수 원내 정당들이 포괄정당Catch-All Party의 모습을 보여주는 이유다. 한국 정당들은 대북관계 등에서만 뚜렷한 차이를 드러낼 뿐 그 외 정책들은 보면 큰 차이를 발견하기 어렵다. 특히 다당제 체제가 지속된다면 연정·연합이 불가피하기 때문에 포괄정당 중심의 정당 체제는 계속될 가능성이 크다.

한국은 정당별 차이가 크지 않기 때문에 인물 대결로 선거에서 승리를 노린다. 총선을 앞두고 각 정당들은 '물갈이'를 외친다. 정치 개혁을 명분으로 새로운 인물을 영입한다. 실제 매번 국회가 개원할 때 초선의원 비율은 30~40%에 달한다. 그런데 국회에 대한 평가는 갈수록 악화되고 있다.

개인 자질 문제 외에 일각에선 '당선에만 관심 있는 정치인'을 주요 이유로 뽑는다. 정치권에서도 '국회의원은 당선 되는 순간부터 다음 선거를 생각한다'는 말이 있는 걸 보면 아주 틀린 말은 아니다. 실제 여의도정치보다는 지역구정치가 더 중요하다고 믿는 정치인도 많다. 한국 정치만의 특징은 아닌 듯하다. 데이비드 메이휴는 '정치인은 오직 재선만 추구한다'고 평가했다. 실제 대중 인지도는 낮고, 당에서 중요 역할을 맡은 적이 없어도 예산 확보 등 소위 지역구 관리를 잘해 3선 이상 하는 국회의원을 꽤 볼 수 있다. 반면 활발한 의정활동, 당내 주요 보직 섭렵, 언론 적극 대응 등을 통해 인기·인지도가 있지만 국회의원 한 번에 그친 사례도 자주 볼 수 있다. 이런 현실에 대해 다수 정치인들은 "일을 하려면 당선부터 돼야 한다. 아무리 좋은 정책과 비전이 있어도 낙선하면 무용지물"이라는 취지로 말한다.

이 주장대로면 정치인은 당선 후 정책(입법)을 만드는 데 공을 들여야 한다. 리차드 페노는 재선, 당과 원내 정치적 영향력 확산 외 바람직한 공공정책 작성을 국회의원의 목적이라고 했다. 공공정책을 만드는 것이 대의제에서 자신을 선출해준 유권자들에 대한 책임이라는 의미다.

이런 책임감은 일반적으로 초선 의원들에게 주로 나타난다. 이들은 정치 경험이 일천해 정당 지도부의 요구를 따르는 한계가 있다. 그럼에도 정치를 하게 된 목적인 의회·정당 개혁과 함께 유권자의 요구도 충실히 대변하려고 노력한다. 초선 의원들이 많아지면 정치 문화가 바뀐다는 연구 결과도 있다.

이처럼 대다수 국민은 투표를 통해 자신의 이익을 대변해주고 더 나은 삶을 만들어줄 정당과 인물을 끊임없이 찾고 선택한다. 지난 선거에서 선택이 잘못됐다고 판단하면 투표로서 그 결과를 평가하고 새로운 정치세력에게 기회를 제공한다. 정당과 정치인은 경쟁자에 비해 더 나은 정책과 비전을 계속 제시하고 실행할 수 있는지를 4년마다, 5년마다 선거를 통해 신임을 받고 있는 것이다.

×

용어풀이

감찰관 CENSORS

2인의 상급 정무관으로 원로원을 감시해서 불법을 저지
르거나 부도덕한 행동을 하는 의원들을 해임하는 역할을
했다.

경제계 BUSINESS COMMUNITY

라틴어는 *Equites*다. 계급상으로 원로원 의원 바로 아래 위
치한 서열 2위 집단이다. 출신 배경이 다양한 이 집단은
일반적으로 정치보다는 경제에 관심이 많았다. 하지만 이
윤 창출의 자유와 안정에 위협이 된다고 판단하면 선거에
영향력을 행사하기도 했다. 키케로도 이 계급 출신이었으
며 이들의 지지에 크게 의존했다.

공공계약 PUBLIC CONTRACTS

공공계약은 사업가들로 이루어진 푸블리카니*Publicani*라는
조직에 의해 체결되었다. 이들은 조세징수를 포함해 공매
입찰 계약을 관장했다. 매우 부유했으며 공화정 내에서 막
강한 권력을 행사했다.

광장 FORUM

일반적으로 로마공화정에 속한 모든 소도시들의 중심에
위치한 넓은 장터를 일컫는다. 로마의 광장은 도시 경제와
정치 활동의 중심지였다.

귀족 NOBILITY

라틴어는 *Nobiles*다. 본인이 집정관을 역임했거나 집정관을
배출한 가문 출신의 사람들로 로마공화정 귀족 통치의 기
반이었다.

로마 자치령 ROMA TOWNS

라틴어는 *Municipia*다. 자치 지역과 그곳 출신을 의미한다.

불완전하기는 하지만 로마 시민권이 부여되었다. 키케로도
자치령 출신이었다.

백인대와 부족 CENTURIES AND TRIBES

선거에서 로마 시민들이 소속된 투표 단위.

법무관 PRAETOR

로마 정무직의 하나로 권력과 위세에서 집정관 다음이었
던 공직.

전통주의자 TRADITIONALISTS

라틴어는 *Optimates*다. 이들에게는 현상 유지, 특히 원로원의
권력과 특권을 유지하는 것이 최우선 과제였다.

조직 ORGANIZATIONS

라틴어는 *Sodalitates*다. *Collegia*와 마찬가지로 사회단체나 종교
단체를 일컬었다. 하지만 지지 후보를 당선시키기 위해 폭
력을 쓰는 선거깡패를 의미하기도 했다.

주변인 OUTSIDER

라틴어는 *Novus Homo*(신진인사)다. 과거에 집정관을 배출한 적이 없는 가문 출신들로 보통 낮은 관직에 머물렀으며 집정관이 되는 경우는 매우 드물었다.

집정관 CONSULS

매년 선거로 두 명이 선출했으며 로마공화정 문무 관료들의 수장 역할을 했다. 이 공화정 최고위직에 오르게 되면, 본인과 자손 모두 배타적 형제애로 똘똘 뭉쳐 있는 로마 귀족 계급의 일원으로 받아들여졌다.

친구 FRIENDS

라틴어는 *Amici*다. 진정한 친구부터 상호이익에 기반을 둔 정치적 동지까지 아우르는 폭넓은 의미를 지녔다.

특수 이익집단 SPECIAL INTEREST GROUPS

라틴어는 *Collegia*다. 여기에는 직업 길드, 사교클럽, 정치조직이 포함되었다. 방대한 정보력을 바탕으로 이따금 자신의 이익을 수호하기 위해 폭력을 동원하기도 했다.

포퓰리스트 POPULISTS

라틴어는 *Populares*다. 법안을 통과시키고 대중의 정치적 지지를 확보하기 위해 대중 집회를 이용했던 사람들을 가리킨다. 포퓰리스트와 전통주의자의 차이는 이념이 아니라 주로 수단에 있었다. 두 진영 모두 권력 장악이 최우선 목표였다.

호민관 TRIBUNES OF THE PEOPLE

민중의 지도자Tribunes of The People, 혹은 시민의 지도자 Tribunes of The Plebs라고 알려진 호민관은 정무관으로서 평민의 생명과 재산을 보호하는 의무를 가졌다. 다른 정무관과 원로원이 발의한 법안에 '비토*Veto*(나는 반대한다)'라고 외치면서 거부권을 행사하면 부결시킬 수 있었다.

가이우스 코엘리우스 GAIUS COELIUS

기원전 107년 호민관을 지냈다. 기원전 94년 자신의 가문
에서는 처음으로 집정관에 선출되었다.

데모스테네스 DEMOSTHENES

가난과 언어 장애를 극복하고 권력을 얻은 고대 그리스
의 위대한 연설가. 마르쿠스 키케로의 영웅이자 롤 모델이
었다.

마닐리우스 MANILIUS

가이우스 마닐리우스Gaius Manilius는 기원전 66년 호민관
에 선출되었다. 해방 노예를 부족별 투표 그룹에 분배하는
법안을 발의해서 로마 대중에게 큰 인기를 얻었다. 하지만
이 법안은 원로원에 의해 즉각 무효화되었다. 폼페이우스
의 동맹자였으며 폼페이우스에게 아시아의 미트리다테스
Mithridates 왕과 지중해 해적을 진압하라며 군 통수권을 주
었다. 폼페이우스의 정적들에 의해 기소되었으나, 당시 법
무관이었던 마르쿠스 키케로의 호의로 소송이 연기되었다.

마르쿠스 마리우스 MARCUS MARIUS

유명한 장군 가이우스 마리우스Gaius Marius의 조카다. 기원전 85년 법무관으로 재직했으며 화폐제도 개혁안을 발표했다. 평민 사이에서 높은 인기를 누렸으나 매제인 카틸리나에 의해 가이우스 마리우스와 철천지원수였던 퀸투스 루타티우스 카툴루스Quintus Lutatius Catulus의 무덤 앞에서 살해당했다.

술라 SULLA

루시우스 코르넬리우스 술라Lucius Cornelius Sulla는 로마의 독재관으로 자신의 정적을 국가의 적으로 규정하고 살생부에 올려 합법적으로 살해했다.

안토니우스 ANTONIUS

가이우스 안토니우스 히브리다Gaius Antonius Hybrida는 독재관 술라의 심복 노릇을 하다 기원전 70년 원로원에 의해 추방되었다. 4년 후 키케로의 도움으로 법무관에 당선되었지만, 64년 집정관 선거에서 카틸리나와 연합해 키케로에 맞섰다.

에피카르무스 EPICHARMUS
기원전 5세기 그리스의 희극 작가.

카틸리나 CATILINE
루키우스 세르기우스 카틸리나Lucius Sergius Catiline는 술
라의 지지자였다. 법무관으로 재직한 지 4년 만에 북아프
리카 속주 총독 시절 저지른 부정부패로 고발되었다.

코르넬리우스 CORNELIUS
가이우스 코르넬리우스Gaius Cornelius는 기원전 67년 호민
관을 지냈으며 원로원의 권력을 제한하는 법안들을 통과
시켰다. 65년에 기소되었다가 마르쿠스 키케로의 변론으
로 승소했다.

코타 COTTA
가이우스 아우렐리우스 코타Gaius Aurelius Cotta는 저명

한 연설가로 술라를 지지했으며 기원전 75년 집정관이 되었다.

폼페이우스 POMPEY
그나이우스 폼페이우스 마그누스Gnaeus Pompeius Magnus는 유명한 로마의 장군으로 일반 대중으로부터 엄청난 인기를 누렸다.

플라톤 PLATO
그리스의 철학자로 단순한 현상 이면에 보다 진정한 영속 세계가 존재한다고 믿었다.

Alexander, Michael C. "The *Commentariolum Petitionis* as an Attack on Election Campaigns." *Athenaeum* 97 (2009): 31-57, 369-95.

Bailey, D. R. Shackleton, ed. and trans. *Cicero.* Loeb Classical Library 28. Cambridge, MA: Harvard University Press, 2002.

Boatwright, Mary, Daniel Gargola, and Richard Talbert. *The Romans: From Village to Empire.* New York: Oxford University Press, 2004.

Everitt, Anthony. *Cicero: The Life and Times of Rome's Greatest Politician.* New York: Random House, 2003.

Freeman, Philip. *Julius Caesar.* New York: Simon and Schuster, 2008.

Goldsworthy, Adrian. *Caesar: The Life of a Colossus.* New Haven, CT: Yale University Press, 2008.

Gruen, Erich. *The Last Generation of the Roman Republic.* Berkeley and Los Angeles: University of California Press, 1995.

Purser, L. C., ed. M. Tuli Cieronis, *Epistulae.* Vol. 3. Oxford: Clarendon Press, 1953.

Richardson, J. S. "The *Commentariolum Petitionis.*" *Historia* 20(1971): 436-42.

Scullard, H. H. *From the Grachi to Nero: A History of Rome from 133 BC to AD 68.* New York: Routledge, 1982.

Syme, Ronald. *The Roman Revolution.* Oxford: Oxford University Press, 2002.

Taylor, D. W., and J. Murrell, trans. *A short Guide to Electioneering.* LACTOR 3. London: London Association of Classical Teachers, 1994.

Wiseman, T. P., ed. *Classics in Progress.* Oxford: Oxford University Press, 2006.

✕ 옮긴이(한)   이혜경

고려대학교 대학원 사회학과에서 석사와 박사 학위를 취득했다. 대진대학교 사회복지학과 초빙교수, 서울시립 대학교 경제학부 BK21 연구교수를 지냈다. 현재 고려대 학교에서 강의하고 있다. 《사회문제론》이라는 책을 함께 썼고, 바른번역 소속 번역가로 《음식의 문화학》,《시민사 회와 정치이론 1 · 2》,《사회이론의 역사》,《사회변동의 비 교사회학》을 공동으로 우리말로 옮겼다.

✕ 해제   매일경제 정치부
송성훈

서울대학교 경제학과와 동대학원 석사, 미국 미시간대 글로벌MBA과정을 마쳤다. 매일경제 경제부 · 산업부 · 금융부 등을 거쳐 현재는 정치부에서 국회반장을 맡고 있다. 아시아순회특파원을 역임했으며, 세계지식포럼 사 무국과 국민보고대회 TF팀에서도 활동했다.

채종원

고려대학교 경제학과를 졸업하고 동대학원에서 정치외 교학과를 수료했나. 현재 매일경제 정치부에서 정당팀 을 맡고 있고, 청와대 · 사회부 법조팀 · 증권부 · 유통경 제부를 거쳤다. 기자로 근무하기 전에 국회의원실에서 근무한 경험도 있다.

선거에서 이기는 법

초판 1쇄 2020년 2월 15일
지은이 퀸투스 툴리우스 키케로
옮긴이 필립 프리먼(영) 이혜경(한)
해제 매일경제 정치부
책임편집 박병규
마케팅 김형진 김범식 이진희

펴낸곳 매경출판㈜ **펴낸이** 서정희
등록 2003년 4월 24일(No. 2-3759)
주소 (04557) 서울시 중구 충무로 2(필동1가) 매일경제 별관 2층 매경출판㈜
홈페이지 www.mkbook.co.kr
전화 02)2000-2641(기획편집) 02)2000-2645(마케팅) 02)2000-2606(구입 문의)
팩스 02)2000-2609 **이메일** publish@mk.co.kr
인쇄·제본 ㈜M-print 031)8071-0961
ISBN 979-11-6484-081-6(03340)